ओ फकीरा मान जा

[यात्रा-वृत्तान्त]

ओ फकीरा मान जा

दयाशंकर शुक्ल सागर

राधाकृष्ण प्रकाशन

ISBN : 978-93-91950-40-8

ओ फकीरा मान जा

पहला संस्करण : 2022

मूल्य : ₹495

प्रकाशक

राधाकृष्ण प्रकाशन प्राइवेट लिमिटेड

जी-17, जगतपुरी, दिल्ली-110 051

शाखाएँ : अशोक राजपथ, साइंस कॉलेज के सामने, पटना-800 006

पहली मंजिल, दरबारी बिल्डिंग, महात्मा गांधी मार्ग, प्रयागराज-211 001

36 ए, शेक्सपियर सरणी, कोलकाता-700 017

वेबसाइट : www.radhakrishnaprakashan.com

ई-मेल : info@radhakrishnaprakashan.com

मुद्रक

बी.के. ऑफसेट

नवीन शाहदरा, दिल्ली-110 032

O FAKIRA MAAN JA

Travelogue by Dayashankar Shukla Sagar

पत्नी डॉ. ज्योति शुक्ला और प्यारी बेटियों
अरुंधती व अन्विता को...
जिनसे हर दफ़ा वादा करता रहा कि
अगली यात्रा पर हम सब ज़रूर साथ होंगे

सफ़र के साथ सफ़र के नए मसाइल थे
घरों का ज़िक्र तो रस्ते में छूट जाता था

—वसीम बरेलवी

भूमिका

सागर वह भी यायावर। शानदार और सदाबहार यायावर। सागर वैसे भी अपने आप में एक मुक़म्मल यात्रा हैं। जब भी वह मिलते हैं, जैसे यात्रा पर ही रहते हैं। गोया सागर से मिलना भी यात्रा ही होती है। फिर सागर की समन्दर पार की यात्राओं का तो कहना ही क्या। इतनी दिलक़श, रेशमी और समन्दर की लहरों की तरह उछलती भाषा जैसे अपने भीतर डुबो लेती है। आप पढ़ते जाइए, डूबते जाइए। वह यूरोप, अमेरिका, साउथ अफ्रीका, अरब, चीन और ऑस्ट्रेलिया सब जगह घुमाते हुए घूमते हैं। उनके इन यात्रा विवरणों में कभी किसी पेंटिंग की तरह लैंडस्केप मिलता है, तो कहीं किसी कविता सी कल-कल, तो कहीं कथा-सा विस्तार। कभी गद्य का स्वाद तो कभी गरम रोटी-सी महक वाली बातें। कभी शिमला-सी नरमी और लखनऊवा नफ़ासत में डूबे अफ़साने। सागर अपने इन संस्मरणों में सिर्फ यात्रा ही नहीं परोसते, वहाँ की प्रकृति भी ऐसे परोसते हैं जैसे किसी मीठी, नरम ऊख हो। बस एक गुल्ला छीलिए, पोर-पोर खुल जाएगी।

जाने क्यों वह पहले फ्रांस का पेरिस ही घुमाते हैं। पेरिस की पोर-पोर बाँचते हुए उस की रंगीनी का बखान करने की जगह पेरिस की क्रान्ति की तफ़सील में उतर जाते हैं। वर्साय का महल, फ्रांस के राजा की चौराहे पर सज़ा-ए-मौत के विवरणों से होते हुए नेपोलियन की प्रेम कहानियों के आग़ोश में कब ले लेते हैं, पता ही नहीं चलता। काफ़्का का शहर प्राग दूसरा पड़ाव है। प्राग की सड़कों, सैलानियों और चार्ल्स ब्रिज को सहेजते हुए जिस तरह काफ़्का को सागर ने याद किया है, धरोहर में तब्दील काफ़्का को समेटा है, वह अद्भुत है। पेरिस में सागर नेपोलियन की प्रेमिकाओं को दर्ज करते हैं, तो प्राग में काफ़्का के प्रेम को। काफ़्का के प्रेम पत्रों को भी वह उसी बेकली से बाँचते हैं, जिस बेकली से काफ़्का ने लिखे हैं।

अपार्टमेंट का कोड भूलने की भूलभुलैया की यातना बाँचते हुए सागर प्राग की ख़ुशबू, प्राग घूमने की सुविधाओं को बताते हुए गाइड-से बन जाते हैं। पेरिस में वह वर्साय के महल के जादू में कैद हैं, तो प्राग में कॉसिल के लोमहर्षक इतिहास में ले जाते हैं। जिनेवा उनका नया पड़ाव है। जिनेवा की बर्फ, पाकिस्तानी रेस्टोरेंट में हिन्दुस्तानी नॉनवेज खाते, हमउम्र जर्मन लड़की इलसा की फ़राख़दिली और गुस्से का संयुक्त लुत्फ़ लेते हुए लेखक वायलन बजाने वाले भिखारियों से भी दो-चार होता है। नया, पुराना जिनेवा घूमते हुए स्विट्जरलैंड आ जाता है। एक गाँव की शाम है, स्विट्जरलैंड का लुगानो शहर है, लुगानो की झील है, स्विस फ्रेंक हैं लेकिन पेरिस और प्राग की तरह का कोई महल या इतिहास नहीं।

लीजिए सागर अब अमेरिका ले आए हैं आप को। न्यू जर्सी एयरपोर्ट पर वह उतरते हैं। अमेरिका के डर को अपनी कड़ी सुरक्षा की जाँच के डर से जोड़ते हैं। एक सरदार जी के फँसने की कथा भी बाँचते हैं। गनीमत कि किसी मुस्लिम के फँसने की कथा वह नहीं बाँचते कि उस की पैंट उतार दी गई। सागर की यायावरी की यह दिलक़श दास्तां ऐसे-ऐसे महीन धागों में बुनी मिलती है कि अमेरिका के पूरे यात्रा-वृत्तान्त में लगता है जैसे हम बार-बार धरती ही नहीं, आकाश भी बदलते जा रहे हैं। उनका गद्य कई बार आकाश की तरह कभी सागर से तो कभी धरती से मिलता चलता है। ऐसे गोया जैसे सागर, यात्रा-वृत्तान्त नहीं, यात्रा कथा सुना रहे हों। चाहे बाल्टीमोर की वृद्ध शटल कैब ड्राइवर हो या कंटीनेंटल एयरवेज की वृद्ध एयर होस्टेस हों। सब की जिजीविषा की तफ़सील अलग-अलग भले हो पर तेवर एक है। अमेरिका में लोगों के कभी रिटायर न होने की इबारत बाँचते अनदेखे नालन्दा की कल्पना जोन्स हॉपकिंस यूनिवर्सिटी में घूमते हुए करते हैं, तो लगता है गोया वह कविता लिखना चाहते हैं। लेकिन कविता कहीं ठिठककर गद्य में बहती हुई अमेरिका की इस नालन्दा की नाव में बिठाए घुमाती रहती है। हॉपकिंस का दिलचस्प इतिहास, भूगोल बताते हुए बाल्टीमोर के बन्दरगाह की सैर भी खाते-पीते कब किसी के सिगरेट में सुलग जाती है, पता ही नहीं चलता। अमेरिकी सीरियल की चर्चा भी बतर्ज बालिका वधू करते हुए खुली देह, खुला सेक्स भी बाँचना मुफ़ीद जान पड़ता है। भारत में सीनियर सिटीजन 60 प्लस हैं, तो अमेरिका में 80 प्लस। यह बताते हुए सागर यह बात भी धीरे से बता ही देते हैं कि अमेरिका में खँडहर नहीं मिलते। तो पेरिस

और प्राग की प्रागैतिहासिकता भी मन में बसी याद की साँकल को खटखटा जाती है। वॉशिंगटन डीसी घूमते हुए सागर की यायावरी में अमेरिका की समृद्धि की शुरू से भी गुज़रना है। झुरमुटों के पीछे व्हाइट हाउस भी वह देखते हैं। पर व्हाइट हाउस की सीढ़ियों तक का सफ़र उन्हें बता देता है कि यहाँ परिन्दा भी पर नहीं मार सकता। व्हाइट हाउस को भव्य और शक्ति का केन्द्र बताते हुए वह जैसे फैसला-सा दे देते हैं कि व्हाइट हाउस सम्मान का केन्द्र नहीं है। इस दौरान वह अमेरिका की सौदागिरी का बखान नहीं भूलते। न्यूयॉर्क को लुटेरों और पॉकेटमारों का शहर बताते हुए सागर ओबामा कंडोम बेचती हुई लड़की का विवरण भी बेसाख़्ता परोस देते हैं।

अफ्रीकी नागरिकता वाले, हिन्दी न जानने वाले लेकिन अपने को हिन्दुस्तानी बताने वाले साउथ अफ्रीका के लोगों से मिलना भी एक सपना है। सपना ही था सागर का कभी दक्षिण अफ्रीका जाना। तब जब वह गांधी पर अपनी चर्चित किताब 'महात्मा गांधी : ब्रह्मचर्य के प्रयोग' लिख रहे थे। पर तब नहीं जा सके थे। अब जब गए तो उन्हें गिरमिटिया और 'फ्री इंडियन' याद आए जिन की लड़ाई गांधी ने लड़ी थी। भारत से मज़दूरों और उनके पीछे-पीछे व्यापारियों के जाने की दिलचस्प दास्तान भी बताई है इस यायावर ने। गिरमिटिया कैसे कहलाए यह भी। हुआ यह कि ये मज़दूर पाँच साल के एग्रीमेंट पर गए थे, जिन में ज़्यादातर पूर्वी उत्तर प्रदेश के थे। इन्हें एग्रीमेंट कहने में दिक्कत होती थी सो इसे वे 'गिरिमेंट' कहते थे। यह गिरिमेंट ही धीरे-धीरे गिरमिटिया कहलाने लगे। जुलू हब्शियों और फ्री इंडियन के संघर्ष और समृद्धि की कथा भी सागर की इस यायावरी में आती है। डच और पुर्तगालियों का राज भी। डरबन शहर, उसके बन्दरगाह नेटाल का विवरण भी। वूगी-वूगी का स्वाद, गांधी और नेल्सन मंडेला की याद में गरम रेत का रंग और आँच भी है इस यात्रा कथा में।

दुबई पहुँचे हैं सागर लिटरेरी एक्सीलेंसी अवॉर्ड लेने। मुशायरा भी है। मुशायरा और अवॉर्ड यानी डबल लुत्फ़। अल-मकदूम एयरपोर्ट से ही वह सैलानी की तरह नहीं, मेहमान की तरह निकलते हैं। सो यूरोप, अमेरिका के शहरों की तरह अरब के इस शहर दुबई का इतिहास, भूगोल नहीं बाँचते, बताते। पर हाँ, वहाँ की ज़िन्दगी बाँचते हैं। इसलिए भी कि वहाँ की आबादी में हिन्दुस्तानी और हिन्दुस्तानियत बहुत है। आप मानें या न मानें चीन के मकाऊ के जुआघर में

सुबह-सुबह जुए में हारना भी एक यायावरी है। तो ऑस्ट्रेलिया के शहर सिडनी में भी सैलानी सागर की यायावरी के ख़ास रंग हैं।

सागर की यायावरी के यों तो बेशुमार रंग हैं। पर एक रंग इन सभी रंगों में शुमार है। जो बहुत चटक है और सागर की तरह बेलौस भी। वह यह कि बिना गए भी सागर के शब्दों के कन्धे पर बैठकर दुनिया के सारे शहर घूम सकते हैं। बड़ी धूमधाम से। इस रंग के जादू में मैं तो रँग गया हूँ। आप भी रँग जाइए और पढ़िए सागर की इस यायावरी को। घूम आइए यूरोप, अमेरिका, साउथ अफ्रीका, अरब, चीन और ऑस्ट्रेलिया के शहर दर शहर।

—दयानंद पांडेय
लेखक व पत्रकार

लेखक की ओर से

एक ही शहर, एक ही घर में पूरी ज़िन्दगी गुज़ार देना कितना डरावना ख़्याल है। इसलिए 'सैर कर दुनिया की गाफ़िल ज़िन्दगानी फिर कहाँ...' ख़्वाजा मीर दर्द का इस शेर को कब मैंने अपनी ज़िन्दगी का फ़लसफ़ा बना लिया पता ही नहीं चला। दुनिया घूमना मेरा एक ख़्वाब था। ये ख़्वाब पत्रकारिता के शुरू के दिनों में मैंने तब देखा था जब दूर-दूर तक विदेश जाने की कोई सम्भावना नहीं थी। ये ज़रूर सुना था कि अक्सर पत्रकार, राष्ट्रपति, प्रधानमंत्री और कभी-कभी किसी मंत्रालय के मंत्री-अफ़सरों के साथ विदेश दौरे पर जाते हैं। पर मेरे ख़्वाब में इस तरह के प्रोफ़ेशनल दौरे शामिल नहीं थे। क्योंकि तब आप एक निर्धारित लक्ष्य लेकर किसी देश जाते हैं। कवरेज की फ़िक्र होती है। एडिशन छूटने से पहले डेस्क को कॉपी भेजने का तनाव होता है। ऐसे में आप आसपास के माहौल से राब्ता कायम नहीं कर पाते।

मुझे याद है वो 2009 के सर्दियों की कोई दोपहर थी। मेरे पास 'हैल्थ ब्रिज' की इंडिया हेड शोबा जॉन का फ़ोन आया। उन्होंने बताया कि फ्रेमवर्क कन्वेंशन अलायन्स यानी एफसीए दुनिया भर के कई स्वयंसेवी संस्थाओं का एक संगठन है। 'हैल्थ ब्रिज' भी इसी का एक सदस्य है। और वह चाहती थीं कि मैं पाकिस्तान, भूटान, नेपाल और बांग्लादेश जैसे पड़ोसी मुल्कों से भारत आने वाले तम्बाकू-चरस उत्पादों की तस्करी पर एक रिपोर्ट तैयार करूँ। इसके लिए मुझे इन देशों की सीमाओं पर जाकर ज़रूरी तथ्य जुटाने थे। इस रिसर्च के लिए 'हैल्थ ब्रिज' मुझे कोई डेढ़ लाख रुपए की फ़ेलोशिप दे रहा था। मैंने तुरन्त 'हाँ' कर दी क्योंकि मुझे लगा कि इसी बहाने मैं देश की सरहदें घूम लूँगा। उन दिनों मैं लखनऊ के 'हिन्दुस्तान' अख़बार का स्पेशल कॉरस्पांडेंट हुआ करता था। तो दफ़्तर से मैंने एक महीने की छुट्टी ली और एक झोला उठाकर निकल

पड़ा। इस यात्रा के लिए मैंने ट्रेन का सफ़र चुना। हवाई जहाज़ के मुक़ाबले मुझे शताब्दी का सफ़र ज़्यादा आरामदायक और सुहावना लगता है। एसी के तक़रीबन ख़ाली डिब्बे में ट्रेन की खिड़की से खेत, पेड़, गाँव, क़स्बे, हरियाली, पहाड़ों को पीछे छोड़ते हुए आगे बढ़ते जाना। जब बाहर के नज़ारे देखते हुए थक गए तो ट्रेन के फेरीवालों की चाय की चुस्कियों के साथ कोई मनपसन्द किताब निकालकर उसे पढ़ना शुरू कर देना। अपने छोटे से किन्तु समृद्ध संग्रहालय की ज़्यादातर किताबें मैंने ट्रेन के डिब्बों में ही ख़त्म की हैं। ख़ैर, विदेश यात्रा के नाम पर मेरा पहला सफ़र भूटान की यात्रा का था क्योंकि यहाँ की यात्रा के लिए पासपोर्ट नहीं लगता है। अपनी कोई भी आईडी दिखाकर आप भूटान आसानी से घूम सकते हैं। रास्ता भी बहुत लम्बा नहीं है और जगह भी ख़ूबसूरत है। पहले शताब्दी ट्रेन से पश्चिम बंगाल के न्यू अलीपुर द्वार स्टेशन तक पहुँचिए फिर वहाँ से कोई तीन घंटे के सफ़र में आप भूटान की सीमा पर होंगे। और जब मैंने पहली बार किसी विदेशी धरती पर क़दम रखा तो जाने क्यों पहला ख़याल मन में आया कि ये तो बस एक शुरुआत है।

खैर, दफ़्तर से छुट्टी लेकर एक महीने मैं ख़ूब घूमा। पहले भूटान फिर यूपी से लेकर बिहार, असम, पश्चिम बंगाल के तमाम सीमावर्ती इलाक़ों की ख़ाक छानकर मैंने एक विस्तृत रिपोर्ट तैयार की। तस्वीरों के साथ वह रिपोर्ट मैंने शोबा जॉन को भेजी और उन्हें पसन्द आई। मेरा काम ख़त्म हो चुका था। कुछ दिन बाद एक सुबह मेरे पास फिर हैल्थ ब्रिज से फ़ोन आया। लाइन पर शोबा थीं। उन्होंने बताया पहले हम आपकी ये रिपोर्ट जिनेवा कन्वेंशन में रखने वाले थे। लेकिन अब एफसीए चाहता है कि आप अपना रिसर्च पेपर जिनेवा कन्वेंशन में ख़ुद जाकर पढ़ें। जिनेवा यानी स्विट्जरलैंड। आप कल्पना कर सकते हैं कि फ़ोन पर जिनेवा जाने की बात सुनने का एहसास कैसा रहा होगा। मेरे जिनेवा आने-जाने से लेकर वहाँ एक हफ़्ते ठहरने-खाने का ख़र्च एफसीए को उठाना था। इसलिए पैसे की कोई चिन्ता नहीं थी। मेरे पास दो महीने का वक़्त था और अगली सुबह मैंने पासपोर्ट के लिए अप्लाई कर दिया। ये दो महीने कैसे बीत गए मुझे याद नहीं। इन दो महीनों में मैंने नेट पर न केवल जिनेवा बल्कि उसके आसपास के यूरोपीय देशों पर भी अच्छी-खासी रिसर्च कर ली। कन्वेंशन के दौरान जिनेवा से मैं रोज़ डायरी लिखकर अपने अख़बार को भेजता। अख़बार में रोज़ मेरी जिनेवा डायरी काट-छाँट कर छप रही थी और पाठक अपनी प्रतिक्रिया

मुझे मेल कर रहे थे। वे पढ़कर कहते—"ऐसा लग रहा है जैसे हम आपके साथ विदेश घूम रहे हैं।" जिनेवा से लौटने के एक साल बाद ही मुझे अमेरिका की जॉन हॉपकिंस यूनिवर्सिटी से एक महीने के शार्ट टर्म कोर्स का बुलावा आ गया। इस चयन के पीछे भी मेरा काम था। मुझे एक महीने इसी यूनिवर्सिटी में रुकना था। इस एक महीने में अमेरिका के कई बड़े शहरों में घूमना-फिरना हो गया। इसी तरह एक दफ़ा ऑस्ट्रेलिया जाने का मौक़ा मिला। मेरे एक मित्र हैं आशुतोष सिंह उन्होंने जबरन मुझसे एक कॉन्फ्रेंस के लिए पर्चा तैयार कराया। पर्चा चयनित हो गया और सिडनी का हवाई टिकट मेल पर आ गया। फिर दक्षिण अफ्रीका जहाँ इंटरनेशनल एड्स सोसाइटी ने मुझे इसलिए बुलाया कि मैंने अख़बारों के लिए भारत में एड्स पर कई अच्छी रिपोर्ट लिखी थीं। दुबई में कुछ दोस्तों ने एक अवॉर्ड देने के लिए बुलाया तो दफ़्तर ने मकाऊ में आइफा अवॉर्ड की कवरेज के लिए मुझे भेजना तय किया क्योंकि जिस सम्पादक जी को अख़बार वाले भेजना चाहते थे उस बेचारे के पास पासपोर्ट नहीं था। शायद विदेश यात्रा उनके ख़यालों में भी कभी नहीं रही होगी। ऐसे ही कुछ साल पहले मुझे एक बार फिर यूरोप घूमने का मौक़ा मिल गया। बाक़ी बचे स्वीडन, पेरिस और प्राग जैसे कुछ यूरोपीय मुल्क इस यात्रा में पूरे हो गए।

ऐतरेय ब्राम्हण में जो चरैवेति चरैवेति यानी चलते रहो, चलते रहो—का सिद्धान्त मेरे मन के कोने में शायद कहीं अटक गया है। लेकिन सिर्फ़ चलते रहना काफ़ी नहीं, मुझे लगा कि मैं अपनी यात्राओं के अनुभवों को हूबहू वैसे शेयर करूँ जैसा मैंने देखा है। और देखते-देखते यह किताब बन गई।

अपने संस्मरणों में मैं यह बताना चाहता हूँ कि भारत का एक आम मध्यवर्गीय आदमी दुनिया को किस नज़र से देखता है। दुनिया घूमना अपने आप में एक मज़ेदार अनुभव है। ये सब इतना आसान है ऐसा मैंने कभी सोचा न था। दुनिया के हर शहर की अपनी एक अलग ख़ुशबू, एक अलग मिठास होती है, एक रंग होता है जिसे आप सिर्फ़ महसूस कर सकते हैं। वहाँ के लोग, उनका रहन-सहन, उनकी सोच, उनके संस्कार सब कुछ आपको जाने-पहचाने लगते हैं। वहाँ के पब, बार, म्यूज़ियम, नाइट क्लब, समुद्र, पहाड़, बाज़ार, रेस्त्रां...आपको लगेगा, आप जैसे उससे पहले भी गुज़र चुके हैं। जैसे देखे हुए किसी ख़्वाब की ताबीर हो...चाहे वह यूरोप हो अमेरिका, एशिया या फिर अफ्रीका। सब जगह आपको भावनात्मक स्तर पर एक जैसे लोग मिलेंगे।

इस किताब के लिए मैं शुक्रगुज़ार हूँ 'अमर उजाला' के चेयरमैन श्री राजुल माहेश्वरी जी का जिन्होंने मुझे इनमें से कुछ विदेश यात्राओं के लिए न केवल अवकाश दिया बल्कि प्रोत्साहित भी किया। मैं श्री नवीन जोशी, उदय कुमार, इन्दुशेखर पांचोली, आदि अपने सम्पादकों को भी धन्यवाद देता हूँ जिन्होंने इन यात्राओं के लिए उत्प्रेरक का काम किया। मैं अपने अग्रज और प्रसिद्ध व्यंग्यकार यशवंत व्यास का शुक्रगुज़ार हूँ जिन्होंने मुझे इन यात्रा कथाओं को किताब की शक्ल देने की प्रेरणा दी। पूर्व आईपीएस शैलजाकान्त मिश्र, सुश्री मंजरी मिश्रा, पूर्वा मिश्रा, केएस तोमर, हरीश मिश्र उर्फ़ जगत मामा, अफ़ताब अल्वी, शोबा जॉन, प्रियंवदा रस्तोगी, उमेश रघुवंशी, अंजीव श्रीवास्तव, अजय त्रिवेदी, विनोद अग्निहोत्री, चन्द्रप्रकाश शुक्ल आदि मित्रों का भी दिल से आभारी हूँ जिन्होंने इस पुस्तक को पूरा करने में मेरी भरसक मदद की।

तो दुनिया के सात में से पाँच महाद्वीपों के कुछ चुनिंदा शहरों के ये यात्रा-वृत्तान्त कुल मिलाकर एक घुमक्कड़ फ़क़ीर की कहानी है जिसकी जेब अक्सर ख़ाली रहती है फिर भी वो पूरी दुनिया घूम लेता है। विदेशी उसे अपने ख़र्च पर बुलाते हैं और अपना देश घुमाते हैं। हमारे ज्योतिषाचार्य पंडित दिवाकर त्रिपाठी कहते हैं, मेरी कुंडली में शुक्र बारहवें घर में है, जो खोजी प्रकृति की विदेश यात्राओं के ख़ूब मौक़े देता है। लेकिन राहु की दृष्टि है इसलिए वो विदेश में स्थायी तौर पर बसने नहीं देता। ये सुनकर मैं ख़ूब हँसा। खोज या रिसर्च करना मेरा शौक़ है और कुछ हद तक मेरा पेशा भी। पहले सर्च फिर रिसर्च और फिर उस रिसर्च को क़िस्सा बना देने की ये कला मैंने गुरु पंडित हेमंत शर्मा से सीखी। इसलिए इस किताब में आपको क़िस्सागोई का भी रस मिलेगा। और इन देशों की यात्रा पर कभी आपको जाना हो तो ट्रेवल गाइड की तरह ये किताब अपने साथ रख लीजिए। फिर देखिए सफ़र का मज़ा ख़ुद ब ख़ुद दोगुना हो जाएगा।

—दयाशंकर शुक्ल सागर

क्रम

यूरोप

पेरिस

वो शहर जिसने अपने राजा को दी सज़ा-ए-मौत

पेरिस यानी यूरोप का सबसे रंगीन शहर। फ्रांस की राजधानी। नेपोलियन बोनापार्ट का देश। वाल्तेयर, विक्टर ह्यूगो, रोमा रोलां का देश। पश्चिम को समानता, बन्धुत्व और आजादी का पहला पाठ पढ़ाने वाला देश। साहित्य, संस्कृति और राजनीति को नई दिशा देने वाला देश। ये वही देश है जिसने दुनिया में जनक्रान्ति की शुरुआत की और अपने निरंकुश राजा और बेअदब रानी को सरेआम चौराहे पर फाँसी दे दी थी। ऐसा मैंने पहले कभी नहीं सुना था कि किसी देश की जनता ने अपने ही राजा को सूली पर लटका दिया हो। सीन नदी के किनारे बसा एक अत्याधुनिक शहर, जिसकी भव्य इमारतों में इतिहास के अनगिनत किस्से कैद हैं। जर्मन फौजों ने इस शहर को तीन बार रौंदा लेकिन हर बार ये शहर फिर अपनी राख से जिन्दा हो गया फिनिक्स की तरह।

अभी-अभी पेरिस एयरपोर्ट पर उतरा हूँ। पेरिस का चार्ल्स डी गॉल एयरपोर्ट को रोसी एयरपोर्ट भी कहा जाता है। ये फ्रांस का सबसे बड़ा और यूरोप का दूसरा सबसे व्यस्त अन्तरराष्ट्रीय हवाई अड्डा है। ये पेरिस शहर से कोई तेईस किलोमीटर दूर है। ये एयरपोर्ट चार्ल्स डी गॉल के नाम पर है, जो दूसरे विश्व युद्ध के दौरान फ्रांस का सैन्य हीरो था। बाद में वह राजनीति में आ गया और उनने फ्रेंच फिफ्थ रिपब्लिक की स्थापना की। 1969 तक वे फ्रांस के राष्ट्रपति भी रहे। काफी बड़ा एयरपोर्ट है। टर्मिनल भी दूर-दूर हैं। इतने दूर कि आपको एक टर्मिनल से दूसरे टर्मिनल तक जाने के लिए एयरपोर्ट की शटल लेनी होगी। ये शटल तीनों टर्मिनल को जोड़ती हैं। तीसरे टर्मिनल से आप पेरिस शहर के

लिए बस, ट्रेन, टैक्सी कुछ भी पकड़ सकते हैं। प्राग का मेरा सिटी पास के इस्तेमाल का अच्छा अनुभव था। ये शहर घूमने का बेहतरीन साधन है। जितने दिन आपको शहर में रुकना है, उतने दिन का सिटी पास ले लीजिए। फिर बस, ट्रेन और मेट्रो जिससे मन करे जब मन करे शहर के किसी भी हिस्से में घूमिए। सो मैंने वहीं एयरपोर्ट के ट्रेन स्टेशन पर ही काउंटर से सिटी पास खरीद लिया। बाहर से आने वाले ज़्यादातर सैलानी यही कर रहे थे। इसी काउंटर पर आपको पेरिस के मैप रखे मिल जाएँगे।

पेरिस में होटल या हॉस्टल में कमरा बुक करना बेहतर विकल्प है क्योंकि एयर बीएनबी के कमरे ठीक शहर के सिटी सेंटर में नहीं मिलते। होटल, हॉस्टल या एयर बीएनबी चुनते वक़्त आप एक चीज़ का ज़रूर ख़याल रखें कि आपका रूम मेट्रो स्टेशन के करीब हो। इससे शहर घूमने में और ज़्यादा सहूलियत हो जाती है। मेरा होटल एक मेट्रो स्टेशन के एकदम करीब है। सो रूम में सामान पटक कर मैं आधे घंटे में फ़ारिग़ हो गया।

पेरिस में मेरे पास घूमने के लिए कई जगहें थीं लेकिन वक़्त बहुत कम था। तीन-चार दिन में आप एक शहर को कैसे जी सकते हैं जिसका सदियों का एक शानदार इतिहास रहा हो। 1789 की फ्रांसीसी क्रान्ति ने पूरी दुनिया पर असर डाला। स्कूली किताबों से लेकर प्रतियोगी परीक्षाओं तक न जाने कितनी बार ये पाठ पढ़ा। ये क्रान्ति पेरिस में हुई थी। तब लुई सोलहवें का राज था। वह बीस साल की बहुत कम उम्र में ही फ्रांस का राजा बन गया था। उसकी शादी ऑस्ट्रिया की राजकुमारी, मैरी एंटोनेट से हुई थी। फ्रांस के लोग अपनी रानी को बाहरी समझते थे और वह फ्रांस की जनता को अजनबी। राजा के अलावा दो अन्य ताकतें, सामन्त और चर्च के पादरी थे। राजा का खजाना खाली था और जनता टैक्स के बोझ तले दबी थी। सामन्तों के अलावा उन्हें चर्च को भी टैक्स देना पड़ता था। बेकारी चरम पर थी और उस पर टैक्स। महँगाई बढ़ती जा रही थी। बेकरी में बनने वाली ब्रेड तक इतनी महँगी हो गई थी कि आम आदमी उसे खरीद नहीं सकता था। बेकरी मालिकों ने जमाखोरी बढ़ा दी। यूरोप में रोटी का चलन है न चावल का। तरह-तरह की ब्रेड उनका लंच भी है और डिनर भी। साथ में सलाद और कुछ कच्ची-पक्की डिशें। खैर कहानी कहती है कि जनता सड़क पर उतर आई। इनमें बड़ी संख्या में औरतें भी शामिल थीं। उन्होंने बेकरियों को लूटना शुरू कर दिया। पेरिस में अराजकता फैल गई। राजा

ने अपनी सेना को शहर में कूच करने का आदेश दे दिया। जनता निहत्थी थी। सो वह 14 जुलाई को बैस्टिल किले की तरफ कूच कर गई। बैस्टिल का ये क़िला 14वीं सदी में इंग्लैंड और फ्रांस के बीच सौ साल के युद्ध के दौरान पेरिस की सुरक्षा के लिए बनाया गया था। पेरिस शहर के पूर्वी हिस्से में ये क़िला एक पहाड़ी पर था जो जेल के साथ राजा का शस्त्रागार भी था। किले के चारों तरफ गहरी खाई थी। जनता का इरादा यहाँ हथियार और हथगोले लूटना था। राजा की निरंकुश ताकत के चलते जनता के लिए ये क़िला घृणा का प्रतीक था। जनता ने बहुत जल्द किले पर कब्जा कर लिया। किले का कमांडर मार डाला गया और हथियार लूट लिये गए। यहाँ सात कैदी बन्द थे जिन्हें आजाद कर दिया गया। किले में लूट हुई और उसका लूटा हुआ सामान पेरिस में बेच दिया गया। कहते हैं यादगार के रूप में सँजोने के लिए लोगों ने इन सामानों को हाथोंहाथ खरीद लिया। बगावत की ये आग फ्रांस के गाँवों तक फैल गई। किसानों ने जागीरदारों और सामन्तों के महलों में आग लगा दी जिसमें कर्ज के सारे दस्तावेज जल के राख हो गए।

बैस्टिल का क़िला आज भी एक ऊँची पहाड़ी पर है। लेकिन ये क़िला अब खँडहर में तब्दील हो चुका है। किले की दीवार और छत पर ऊँची घासें उग आई हैं। किले का एक द्वार बचा है जिस पर 'फोर्ट द ला बैस्टिल' लिखा है। यहाँ देखने को कुछ ज़्यादा नहीं है इसलिए बहुत कम पर्यटक यहाँ आते हैं। किले के आस-पास कोई आबादी नहीं है। हाँ, यहाँ ऊँचाई पर खड़े होकर आप पेरिस के नए बसे शहर की तस्वीर खींच सकते हैं।

ये फ्रांसीसी क्रान्ति की शुरुआत भर थी। इस घटना ने निरंकुश राजा को इतना डरा दिया कि उसने नेशनल असेम्बली को मान्यता दे दी। लुई सोलहवें ने ये शर्त भी मान ली कि अब से उसकी सत्ता पर संविधान का अंकुश होगा। 4 अगस्त, 1789 से फ्रांस में सामन्ती राज ख़त्म हो गया। चर्च के विशेषाधिकार ख़त्म हो गए। उनके तमाम टैक्स भी ख़त्म कर दिए गए। अगले तीन साल में नया संविधान भी आ गया जिसके अधीन फ्रांस का राजतंत्र था। अब सत्ता राजा के हाथ में नहीं बल्कि न्यायपालिका, कार्यपालिका और विधायिका के हाथ में आ गई। यूरोप के लिए ये एक बड़ी घटना थी। 18वीं सदी के अन्तिम सालों तक न केवल यूरोप बल्कि पूरी दुनिया में सिर्फ दो वर्ग थे—अमीर और ग़रीब। ग़रीबों के ऊपर उठने का काई रास्ता नहीं था। औद्योगिक क्रान्ति के दौर में समुद्री

रास्तों से व्यापार तेजी से बढ़ रहा था। यूरोप में ऊनी और रेशमी कपड़ों की अमीरों में ज़बरदस्त माँग थी। तब यूरोप में कारोबारी वर्ग का जन्म हुआ। इधर पढ़ाई-लिखाई के मौके बढ़ रहे थे। जान लॉक और रूसो जैसे तमाम विचारक आजादी, समानता और बन्धुत्व की बात कर रहे थे। समान अवसर की बात कर रहे थे। एक तरफ जॉन लॉक निरंकुश राजाओं की दैवीय शक्ति को चुनौती दे रहे थे, तो रूसो जनता और जनप्रतिनिधियों के बीच सोशल कॉन्ट्रेक्ट यानी सामाजिक अनुबन्ध किया दर्शन लेकर आए थे। अख़बार छपने लगे थे और ये अनोखे और क्रान्तिकारी विचार आग की तरह चारों तरफ फैल रहे थे। फ्रांस के काफी हाउसों में इन विचारों पर चर्चा होती थी। फ्रांस के ग्रामीण इलाकों में अख़बार की खबरें बोल-बोल के सुनाई जाती थीं। इन सबका असर जमीन पर दिखना लाज़िमी था। युवा, प्रशासनिक सेवा, सेना और वकालत से अच्छा खासा पैसा कमा रहे थे। इस तरह सामाजिक जीवन में बड़ा बदलाव हो रहा था। सामाजिक हैसियत से ज़्यादा योग्यता को प्रमुखता दी जाने लगी। तब यूरोप और भारत में भी मध्यवर्ग का जन्म हुआ। यह वही दौर था जब अमेरिका, अंग्रेज़ों के चंगुल से नया-नया आजाद हुआ था। और वहाँ आधुनिक युग का पहला लोकतंत्र स्थापित हुआ। इसीलिए अमेरिका के लोकतंत्र को दुनिया का सबसे पुराना लोकतंत्र कहा जाता है।

वर्साय का महल

फ्रांस की क्रान्ति की अगली कड़ी वर्साय का महल थी। ये पेरिस शहर के बाहरी हिस्से में है। शहर से कोई डेढ़ घंटे का रास्ता। अब तो शहर का विस्तार महल तक हो गया है लेकिन क्रान्ति के दौरान ये महल शहर से दूर था। इस महल तक पहुँचने के लिए मैंने ट्रेन का विकल्प चुना। वैसे कई लग्जरी बसें भी यहाँ सैलानियों को आधे और पूरे दिन के ट्रिप पर लाती हैं। कहते हैं जिसने वर्साय का महल नहीं देखा उसने पेरिस नहीं देखा। मैं क्रान्ति के नजरिये से इस महल को देखना चाहता था। रास्ता कोई एक घंटे का था तो मैं महल के बारे में पढ़ने लगा ताकि वहाँ पहुँचकर महल को समझने में आसानी हो। यूरोप की यात्रा के लिए यह बहुत जरूरी है कि आप जिस जगह जा रहे हों उसके बारे में आपको कम-से-कम बेसिक जानकारी हो वर्ना आप उस जगह को समझ नहीं पाएँगे

और उन जगहों की चमक-दमक में खोकर रह जाएँगे। जैसे पेरिस की बदनाम रानी फ्रांस की चमक-दमक में खोकर अपना सब कुछ गँवा बैठी और इतिहास उसे कभी माफ़ नहीं कर पाया। मुझे लगता है कि वर्साय का महल जीवन के इसी रहस्य का एक प्रतीक है।

मैंने पढ़ा-पहले ये इलाका जंगलों से घिरा था और इन्हीं जंगलों के बीच में वर्साय नाम का गाँव था। फ्रांस के राजा यहाँ पेरिस से शिकार खेलने आते थे। कहते हैं 1589 में फ्रांस के राजा हेनरी चतुर्थ यहाँ शिकार खेलने आए थे। बाद में उनका बेटा जो बाद में लुई तेरहवाँ कहलाया, ने 1607 में यहाँ कुछ जमीन खरीदी और एक मामूली-सा दो मंजिला आउट हाउस बनाया, जहाँ शिकार के बाद रात गुजारी जा सके। लुई चौदहवें को यह जगह इतनी पसन्द आई कि उसने यहाँ एक महल बनाने का मन बना लिया। महल का डिजाइन मशहूर वास्तुकारों ने बनाया। यहाँ शानदार इमारतें बनीं जिनकी छतें तकरीबन सपाट थीं जो शीशे से ढकी थीं। राजा ने यूरोप में सबसे शानदार बागीचों को बनाने के लिए लैंडस्केप डिजाइनर, आंद्रे ले नोत्रे को बुलवाया। जिसने बाग में फ़व्वारे, मूर्तियाँ, ताल, नहरें, ज्यामितीय फूलों के लैंडस्केप तैयार किए। उन्होंने इतालवी शैली में कई भवन बनाए। विदेशी जानवरों के लिए एक केन्द्रीय मंडप के साथ एक चिड़ियाघर भी बनाया। बाद में लुई चौदहवें ने इसे 1682 से अपना प्रमुख शाही निवास बना लिया जो *1789 में फ्रांसीसी क्रान्ति की शुरुआत में तब तक, ये लुई सोलहवें का महल रहा, जब तक पेरिस की जनता ने उन्हें इस घर से बेदखल नहीं कर दिया।* बताते हैं कि भुखमरी से जूझ रही पेरिस की ग़रीब जनता ने इस महल को लूट लिया था और उसका सामान खुले बाजार में बोली लगाकर बेच दिया। किसी के हाथ कुर्सी लगी तो किसी के हाथ में पेंटिंग। बहुत बाद में फ्रांस सरकार ने यह सामान ऊँची कीमतों पर खरीद कर महल को दोबारा सजाया। आज पैलेस ऑफ़ वर्साय देखने सबसे ज़्यादा सैलानी आते हैं। इस महल की अनोखी चमक-दमक ने एफिल टावर तक को पीछे छोड़ दिया। यह महल अब एक ऐतिहासिक स्मारक और यूनेस्को की विश्व धरोहर स्थल बन गया है।

मैं अब महल के सामने हूँ और यहाँ का नज़ारा अद्‌भुत है। ग्रीक शैली के बने इस विशालकाय महल की छतें स्लेटी रंग की हैं। मुख्यद्वार के ऊपर ग्रीक देवताओं के बीच में वक़्त बताने के लिए घड़ी लगी है, जिसके डायल में सूर्य अंकित है। दीवारें ईंट की टाइल्स व पत्थर और खम्भे मार्बल्स के हैं। मेहराबदार

खिड़कियाँ लकड़ी और शीशे की हैं। ऊपर छत पर सुनहरे रंग की नक़्क़ाशी है। महल के सामने एक ख़ूबसूरत-सा ताल है जिसके चारों तरफ पत्थर की मूर्तियाँ बनी हैं। लुई चौदहवें की कहानी मजेदार है। वह अकबर की तरह केवल पाँच साल की कम उम्र में ही फ्रांस का राजा बन गया था। वह आत्मविश्वास और ऊर्जा से लबरेज़ था। युवा हुआ तो उसने एलान कर दिया—'मैं राष्ट्र हूँ।' उसका कहना था कि राजा भगवान का प्रतिनिधि है जिसे प्रजा की सेवा के लिए भेजा गया है। उसने फ्रांस में सबसे लम्बे करीब 72 साल तक शासन किया। यूरोप के पूरे इतिहास में किसी राजा ने इतने लम्बे समय तक राज नहीं किया। इस दौरान फ्रांस यूरोप में सुपर पावर बनकर उभरा। तब यूरोप के तकरीबन सभी देश उसके अधीन थे। फ्रांस की अर्थव्यवस्था और सैन्य शक्ति बेमिसाल थी। वह ख़ुद को 'सन किंग' यानी सूर्य सम्राट कहता था। उसी की निगरानी में वर्साय का यह महल बना। महल में लगे तमाम चित्रों में लुई को सूर्य के ग्रीक देवता अपोलो के रूप में दिखाया गया। महल में कई जगह सूर्य के प्रतीक चिन्ह देखने को मिल जाएँगे। दिव्यता, विलासिता, समृद्धि और वैभव क्या है, ये इस महल के भीतर जाकर मालूम पड़ता है। महल में ऐशो आराम और विलासिता की सभी चीज़ें आज भी मौजूद हैं। दीवारों पर दुनिया के महानतम चित्रकारों की बेशकीमती पेंटिंग्स, छतों पर ही पाँच फुट के अन्तर पर झूलते सैकड़ों नायाब झाड़फ़ानूस, छतों पर चटक रंगों की अनोखी चित्रकारी, दीवारों पर सोने के रंग की मीनाकारी, बरामदों में चमत्कृत करती सुनहरी मूर्तियाँ। लुई चौदहवें का बेडरूम देखकर हर कोई दंग रह जाता है। ऊँची छत से लेकर नीचे तक लहराते सुनहरे परदे, आलीशान पलंग। बेडरूम की खिड़की सीधे पूरब की तरफ खुलती है ताकि उगते सूर्य की पहली किरण इस 'सूर्य सम्राट' को जगाए। महल के कमरों की बालकनी सीधे दरबार की ओर खुलती हैं ताकि रानी दरबार की कार्यवाही देख सकें। लुई अपने परिवार को कितना चाहता था इसका सुबूत दीवारों पर जगह-जगह उनके परिवार के सदस्यों के चित्र के रूप में मौजूद है। तब तक कैमरे का आविष्कार नहीं हुआ था और राजा चित्रकारों से अपनी और अपने परिवार की पेंटिंग बनवाते थे। ये तस्वीरें ऐसी जीवन्त हैं जैसे किसी ने उन्हें अपने बेहतरीन कैमरे से खींचा हो।

बहत्तर साल के शासनकाल में चौदहवें लुई ने कई युद्ध लड़े। युद्ध से थक कर महल आने पर उसने एक 'पीस रूम' भी बनवाया था जिसकी छत पर स्वर्ग के दृश्य की चित्रकारी की गई है, जो अद्‌भुत है। छत की पेंटिंग जैसे खुला

आसमान हो जिसमें स्वर्ग के देवता दिख रहे हैं। छोटे पंखों वाले नन्हे बच्चे देवदूत के रूप में दिखाई देते हैं। कई पेंटिंग ऐसी हैं जिनमें अर्धनग्न सुन्दरियाँ राजा को ख़ुश करती दिख रही हैं। महल में आकर्षण का सबसे बड़ा केन्द्र है 'द हॉल ऑफ़ मिररर्स' यानी शीश महल। ये हॉल एक गैलरी की तरह है। इसकी दीवारें शीशे की हैं। छत पर चित्रकारी है और कतार से लटके झाड़फ़ानूस जो मोमबत्ती से रोशन होते थे। करीब 70 मीटर की इस गैलरी में 17 चौड़े मेहराबदार दर्पण सुसज्जित हैं, जो बगीचों के सामने की खिड़कियों के सामने मैच करने और प्रतिबिम्बित करने के लिए डिज़ाइन किए गए हैं। मशहूर चित्रकार, चार्ल्स ली ब्रून ने इस गैलरी की छत पर लुई चौदहवें के शुरुआती शासनकाल के तीस दृश्यों को चित्रित किया है। यहीं चार्ल्स ली की मशहूर पेंटिंग है, जिसका शीर्षक है, 'द किंग गवर्निंग अलोन'। इस हॉल में कभी ठोस चाँदी के फर्नीचर हुआ करते थे जिन्हें युद्ध के खर्चों का भुगतान करने के लिए 1689 में पिघला दिया गया था। राजा ने चाँदी का एक सिंहासन रखा था, जो आमतौर पर 'अपोलो सैलून' में रहता था, उसे ख़ास मौकों पर यहाँ लाया जाता था।

महल के प्रांगण में थिएटर, ओपरा, चैपल, खेल के मैदान, बाग-बगीचे, स्विमिंग पूल सब कुछ मौजूद है। हमारे गाइड, जोसफ फ्रांसिस ने बताया—शाही ओपेरा थियेटर 1769 और 1770 के बीच बनाया गया था। नए थिएटर को भविष्य में होने वाले राजा लुई सोलहवें और ऑस्ट्रिया की राजकुमारी, मैरी एंटोनेट की शादी के जश्न के लिए समय पर पूरा किया गया था। लुई सोलहवें ने शाही अपार्टमेंट में कई और बदलाव किए। 1783 में, पैलेस ऑफ़ पीस ऑफ़ पेरिस की तीन सन्धियों पर दस्तख़त हुए। यहीं यूनाइटेड किंगडम ने संयुक्त राज्य की स्वतंत्रता को मान्यता दी थी। यूके से अपनी दुश्मनी के कारण ही लुई सोलहवें ने अरबों फ्रेंक अमेरिका की आजादी की लड़ाई पर फूँके थे जिससे उसका खजाना खाली हो गया था।

लुई सोलहवें के लिए यह महल मनहूस साबित हुआ। एक तरफ प्रजा भूख से मर रही थी। दूसरी तरफ नई रानी इतने सुन्दर महल पर लाखों फ्रेंक फूँक रही थी। फ्रांसीसी क्रान्ति के दौरान पेरिसवासियों ने इस महल को चारों तरफ से घेर लिया था। वे पेरिस से यहाँ पैदल मार्च करके आए थे। इनमें अधिकांश औरतें थीं इसलिए इसे 'लेडी मार्च' कहा गया। लुई सोलहवाँ और उसकी बीवी मैरी एंटोनेट, 6 अक्टूबर, 1789 को वर्साय में अपनी बालकनी से गुस्साई भीड़

का सामना कर रही थी। नीचे भीड़ 'ब्रेड-ब्रेड' चिल्ला रही थी तब रानी ने अपने दरबारियों से वह चर्चित वाक्य कहा था कि "इन्हें ब्रेड नहीं मिल रही तो ये केक क्यों नहीं खाते?" हमारे गाइड फिलिप ने बताया कि रानी ने यह बात कही इसका कोई ऐतिहासिक सुबूत नहीं मिलता है। लेकिन क्रान्ति के बाद से ही यह वाक्य बहुत मशहूर हो गया। पता नहीं रानी ने ऐसा सच में किसी से कहा था या क्रान्ति की आग में घी डालने के लिए ये अफवाह जानबूझकर फैलाई गई थी। यहाँ पहुँचकर मैं कल्पना कर रहा था कि हज़ारों औरतों की हथियारबन्द भीड़ कैसे यहाँ इस ख़ूबसूरत महल को घेर कर चिल्ला रही होगी। ये हथियार उन्होंने कुछ समय पहले शाही शास्त्रागार से लूटे थे। कहते हैं पहले राजा बालकनी में आया और उसने हाथ हिला कर उन महिलाओं की भीड़ का अभिवादन किया। लेकिन भीड़ रानी को बुला रही थी जिसे वह दुष्ट और चरित्रहीन मानती थी। फिर रानी बालकनी में अपनी दोनों बेटियों को लेकर आई ताकि सामने से भीड़ उस पर फायरिंग न कर दे। उसे देखते ही उसके खिलाफ नारे और तेज हो गए। रानी अन्दर चली गई। अगले दिन जनता ने लुई और उसकी रानी को महल छोड़कर पेरिस लौटने पर मजबूर कर दिया। कहते हैं जैसे ही शाही परिवार विदा हुआ, उनकी वापसी के इन्तज़ार में पैलेस को बन्द कर दिया गया। 1792 में, कन्वेंशन, नई क्रान्तिकारी सरकार ने पैलेस से सभी चित्रों और मूर्तियों के हस्तान्तरण का आदेश दिया। 1793 में, कन्वेंशन ने राजशाही को समाप्त करने की घोषणा की, और पैलेस में सभी शाही सम्पत्ति को नीलामी में बेचने का आदेश दिया। यह नीलामी 25 अगस्त, 1793 और 11 अगस्त, 1794 के बीच हुई थी। इस नीलामी में पैलेस के फर्नीचर, दर्पण, स्नानागार और रसोई के उपकरण शामिल थे, जो सत्रह हज़ार लॉट में बेचे गए थे। इमारतों पर सभी फ़्लायर्स-डी-लिस और शाही प्रतीक कक्ष या छेनी से बन्द थे। खाली भवनों को साज-सामान, कला और पुस्तकालयों के लिए एक गोदाम में बदल दिया गया था। इसके पहले ही पूरे शाही परिवार को पेरिस की एक जेल में कैद कर लिया गया।

'द प्लेस ला कॉनकॉर्ड'

यूरोप के तकरीबन सभी देशों में अपने राजा के लिए एक प्रसिद्ध सम्बोधन है—'लॉग लिव द किंग।' यानी राजा की उम्र लम्बी हो। फ्रांस अकेला देश है

जिसने अपने ही राजा को सरेआम चौराहे पर गला काट कर मार डाला। महान लुई परम्परा का सोलहवाँ राजा लुई अयोग्य था लेकिन वह क्रूर नहीं था। वह कोई राक्षस भी नहीं था जैसा कि उसे कई इतिहासकारों द्वारा पेश किया गया। फ्रांसीसी क्रान्ति के दौरान उसने कोई कत्लेआम नहीं किया जैसा कि आमतौर पर राजा बगावत दबाने के लिए करते हैं। कुछ क्रान्तिकारियों को मौत की सज़ाएँ ज़रूर मिलीं लेकिन वह स्वाभाविक थीं। आखिरकार वह राजा था। वर्साय महल से पेरिस लाए जाने के बाद जेल में उसका अधिकांश वक़्त उसके नन्हे बच्चों के साथ बीतता था। 1792 में राजा पर कन्वेंशन में राजद्रोह का मुकदमा चला। एक घंटे में सुनवाई ख़त्म हो गई। दरअसल, नेशनल कन्वेंशन के सारे सदस्य फ्रांसीसी क्रान्ति के नायक थे। उन्हें लगता था कि जीवित राजा खतरनाक है भले ही वह कैदखाने में हो। उसके समर्थक कभी भी बगावत कर सकते हैं और कन्वेंशन को ख़त्म कर फिर राजशाही ला सकते हैं, इसलिए राजा को मरना होगा। हालाँकि सभी सदस्य राजा को सज़ा-ए-मौत देने के पक्ष में नहीं थे। उस पर लगा आरोप पत्र पढ़ा गया। जिसमें एक मुख्य आरोप पेरिस की जनता पर गोली चलाने का था। इसमें कई जानें गई थीं। लुई ने इस आरोप से इनकार किया। उसका कहना था कि इसके लिए सैनिकों ने उससे इजाज़त नहीं ली थी वह घटना अचानक हुई। राजा ने कहा कि वह फ्रांस की जनता से प्यार करता है। ये दुर्भाग्यपूर्ण है कि आज उसे ये साबित करना पड़ रहा है। लेकिन उसकी बात सुनने के लिए कोई तैयार नहीं था। उसे चौबीस घंटे के अन्दर मौत की सज़ा देने का फरमान सुनाया गया। कहा गया—'फ्रांस की जनता यही चाहती है।'

ये लम्बी भूमिका मैं इसलिए बना रहा हूँ ताकि आप समझ सकें कि किन हालात में फ्रांस के राजा को सरेआम चौराहे पर सज़ा-ए-मौत दी गई होगी। मैं उस चौराहे पर गया जिसे आज 'द प्लेस ला कॉनकॉर्ड' के नाम से जाना जाता है। करीब बीस एकड़ में फैला ये चौराहा पेरिस के मशहूर ऐतिहासिक होटल, डे क्रिलॉन के पीछे है। 1758 की इमारत में भव्यता व विलासिता के लिए मशहूर ये होटल 1907 में खुला था। करीब ही संयुक्त राज्य अमेरिका का दूतावास है। यहीं एक इमारत पर आपको 'द प्लेस ला कॉनकॉर्ड' का छोटा सा बोर्ड टँगा दिख जाएगा। गौर से देखें तो इसी तख्ती के ठीक ऊपर एक और पुरानी तख्ती टँगी है जिस पर फ्रेंच में लिखा है —'प्लेस लुई XVI'। इस जगह को लुई पन्द्रहवें के वास्तुकार, ग्रेबरिल ने 1755 में डिजाइन किया था। 1789

में फ्रांसीसी क्रान्ति के दौरान फ्रांस के लुई 16वें की प्रतिमा को तोड़ दिया गया था और इस जगह का नाम बदलकर 'प्लेस डे ला रिवोल्यूशन' रखा गया था। और यह जगह क्रान्ति की प्रतीक बन गई।

दूर नज़र डालेंगे तो आपको यहाँ से एफिल टावर भी दिख जाएगा। इस भव्य मैदान के बीच में आपको एक ख़ूबसूरत सा फव्वारा देखने को मिलेगा। कहते हैं राजा को फाँसी यहीं दी गई थी। इस फ़व्वारे में गहरे हरे रंग की मूर्तियाँ बनी हैं। ये मूर्तियाँ सम्भवत: राजमहल की अर्धनग्न सुन्दरियों की हैं। इस फ़व्वारे पर सुनहरे रंग की मीनाकारी की गई है। ये फव्वारा 1840 में बना था। इसे 'फाउंटेन ऑफ कामर्स एंड नेविगेशन' का नाम दिया गया है। इस चौराहे पर केवल फ्रांस के राजा लुई सोलहवें को ही नहीं बल्कि फ्रांसीसी क्रान्ति के दौरान उसकी रानी, क्वीन मैरी एंटोनेट, फ्रांस की राजकुमारी एलिजाबेथ और शार्लोट कॉर्डे जैसे चर्चित लोगों को फाँसी दी गई थी।

इस चौराहे के सामने आपको कोई दो किलोमीटर लम्बी-सी सड़क दिखेगी जिसके दोनों तरफ शानदार दुकानें, थिएटर, ओपरा आदि मिल जाएँगे। इमारतें फिर फुटपाथ और सड़क के बीच हरे पेड़ों की लम्बी कतारें। यह सड़क 'एवेन्यू डेस चम्प्स-आइलेसीस' के नाम से मशहूर है। कहते हैं, लखनऊ का हज़रतगंज इसी फलसफे पर बना था। बीच में लम्बी-सी सड़क दोनों तरफ भव्य दुकानें, मेफेयर जैसे थिएटर। लेकिन भव्यता के मामले में दोनों में जमीन-आसमान का फ़र्क़ है। रात में जब इस सड़क पर लाइन से गाड़ियाँ चलती हैं तो उनकी रोशनी में नज़ारा देखने लायक होता है। यह सड़क भी फ्रांसीसी क्रान्ति से ठीक पहले की है। आज इसकी रौनक देखने लायक है।

और आखिर में वो कयामत का दिन आ गया। मैं जानना चाहता था कि आखिर जनता ने अपने राजा को बीच चौक पर मौत की सज़ा कैसे दी होगी। मैंने पुराने दस्तावेज पलटे। वह 21 जनवरी, 1793 का दिन था। कोई 10 बजे, राजा को लेकर एक बग्घी 'प्लेस डे ला रेवोल्यूशन' पर पहुँची। पूरा मैदान पेरिस की जनता से खचाखच भरा था। भीड़ राजा के खिलाफ नारे लगा रही थी। चारों तरफ 'विवे ला नेशन! विवे ला रेपुब्लिक!' का शोर था। मैदान में एक तरफ सड़क के किनारे ड्रम बज रहे थे। बीच में फाँसी देने के लिए ऊँची मचान बनाई गई थी। लेकिन राजा के वहाँ पहुँचते ही भीड़ ख़ामोश हो गई। वहाँ चार जल्लादों की ड्यूटी लगी थी। राजा से राजसी कोट और गले से उसका

स्कार्फ उतारने को कहा गया। एक आज्ञाकारी बालक की तरह लुई ने ऐसा ही किया। एक जल्लाद रस्सी से राजा का हाथ बाँधने के लिए आगे बढ़ा। लेकिन राजा शान्त था। बोला—'नहीं, ये जरूरी नहीं।' जल्लाद ने कहा—'ये जरूरी है सर।' राजा ने अपने हाथ पीछे कर दिए। लुई काँपती टाँगों से मचान की सीढ़ियाँ चढ़ रहा था। सज़ा से पहले लुई ने वहाँ चिल्लाकर कुछ कहने कोशिश की लेकिन ड्रम की तेज आवाज़ों में उसके शब्द कहीं खो गए। कहते हैं तब राजा ने कहा था—'मुझ पर लगाए गए सभी आरोप गलत हैं। मैं निर्दोष मारा जा रहा हूँ, लेकिन मैं उन सभी लोगों को माफ़ करता हूँ जो मेरी मौत के लिए जिम्मेदार हैं। और मैं ईश्वर से प्रार्थना करता हूँ कि आप लोग मेरा जो ख़ून बहाने जा रहे हैं, वह ख़ून कभी फ्रांस पर न जाए।' और जल्लाद ने उसे बेंच पर लिटा दिया। उसकी गर्दन लकड़ी के तख्ते पर रखी गई। दूसरे जल्लाद ने हैंडिल घुमाया और ऊपर शिकंजे में फँसा लोहे का एक बड़ा-सा ब्लेड झटके से नीचे आया। सब कुछ इतनी हड़बड़ी में हुआ कि ब्लेड ने उसकी गर्दन के बजाय उसकी खोपड़ी के पीछे और उसके जबड़े को काट दिया। गला काटने की इस प्रक्रिया को गिलोटिन कहा जाता था। गिलोटिन दो खम्भों में लटकी मशीन थी जिस पर अपराधी का सिर रखकर ऊपर लटके ब्लेड से काट दिया जाता था। इस मशीन का आविष्कार डॉ. गिलेटिन ने किया था और इसका डेमो उसने राजा लुई सोलहवें को दिया था। लुई को तब अन्दाज़ा तक नहीं था कि इस मशीन का इस्तेमाल उसके लिए भी किया जा सकता है।

नेपोलियन की प्रेम कहानियाँ

पेरिस में नोट्रे-डेम एक मशहूर जगह है। यहाँ मेट्रो, बस, ट्रेन, ट्राम ये सारे स्टेशन हैं। पेरिस के बीच में बना नोट्रे-डेम दरअसल एक ख़ूबसूरत मध्यकालीन कैथोलिक कैथेड्रल है। 1789 में फ्रांसीसी क्रान्ति के बाद, नोट्रे-डेम और फ्रांस में पादरी की बाकी सम्पत्ति को जब्त कर लिया गया और उसे सार्वजनिक सम्पत्ति बना दिया गया था। लेकिन फ्रेंच गोथिक वास्तुकला से बने इन गिरजाघर ने मुझे सबसे ज़्यादा इसलिए प्रभावित किया क्योंकि यहाँ मेरे हीरो नेपोलियन का राजतिलक हुआ था और उसने अपनी प्रेमिका को महारानी का ताज पहनाया था। इस चर्च ने मेरा ध्यान इसलिए भी खींचा कि मेरे प्रिय फ्रेंच लेखक, विक्टर ह्यूगो ने

इस चर्च पर एक पूरा उपन्यास लिख दिया जिसका नाम ही था—*नोट्रे-डेम डे पेरिस*। अंग्रेज़ी में ये उपन्यास *द हंचबैक ऑफ़ नोट्रे-डेम* (नोट्रे-डेम का कूबड़ा) के नाम से जाना जाता है। ये एक मध्यकालीन प्रेम कथा है जो नोट्रे-डेम चर्च के इर्द-गिर्द बुनी गई। कहते हैं नेपोलियन के छोटे से शासनकाल के बाद इस चर्च को ढहाने की नौबत आ गई थी लेकिन नेपोलियन की सदी में जन्मे फ्रेंच लेखक ह्यूगो ने ये उपन्यास लिखकर उपेक्षित पड़े इस चर्च को बचा लिया। इसके बाद जो चर्च बना वह पेरिस आने वाले सैलानियों के लिए आकर्षण का केन्द्र बन गया। 2018 में नोट्रे-डेम में लगी भीषण आग ने इसके एक बड़े हिस्से को बर्बाद कर दिया। जब मैं यहाँ पहुँचा तो इसे फिर भव्य बनाने का प्रोजेक्ट जोर शोर से चल रहा था।

तो इस चर्च के बहाने कहानी शुरू करते हैं नेपोलियन की। क्योंकि नेपोलियन की ज़िन्दगी की दिलचस्प कहानी सुने बिना आप पेरिस को नहीं समझ सकते। पेरिस शहर के कई महलों और राजप्रासादों में नेपोलियन के जीवन की कथाएँ आज भी शानदार चित्रकारी में जिन्दा हैं। दुनिया की मशहूर फ्रांसीसी क्रान्ति ज़्यादा लम्बी नहीं चली। फ्रांस में राजशाही का अन्तिम संस्कार करने के बाद यहाँ 1892 में लोकतंत्र की स्थापना हुई। देश में एक संविधान बना। लेकिन लोकतंत्र के नायक सत्ता की चकाचौंध में इतने अंधे हो गए कि एक-एक करके क्रान्ति के सारे बड़े नायकों को ठीक उसी तरह चौराहे पर फाँसी देकर मार डाला। जिस तरह उनके राजा लुई सोलहवें को मारा गया था। कुछ लोग कहते हैं कि ये एक बेगुनाह राजा की हत्या का श्राप था। 'प्लेस डे ला रिवोल्यूशन' जहाँ राजा को मारा गया था वहाँ दस साल के अन्दर तकरीबन 40 हज़ार क्रान्तिकारियों की गर्दन काटी गई। कहते हैं फाँसी का वह तख़्ता ख़ून के कीचड़ से सन गया था। गला काटने के ब्लेड पर ख़ून की मोटी परतें जम गई थीं जो एक झटके से अगली गर्दन नहीं काट पा रही थी।

अराजकता के इस माहौल में सेनापति नेपोलियन फ्रांस के लिए पड़ोसी देशों की जंगें जीत रहा था। नेपोलियन का जन्म कोर्सिका में मामूली इतालवी परिवार में हुआ था। वह फ्रांसीसी सेना में एक तोपखाने का अफ़सर बना। जब 1789 में फ्रांसीसी क्रान्ति भड़की तो सेना में उसका तेजी से प्रमोशन हुआ और केवल 24 साल की उम्र में वह सेना में जनरल बन गया। 26 वर्ष की उम्र में उसने ऑस्ट्रियाई लोगों के साथ अपना पहला सैन्य अभियान शुरू किया। और

लगातार जंगे जीत कर वह देखते-देखते युद्ध नायक बन गया। 1798 में उसने मिस्र में एक सैन्य अभियान का नेतृत्व किया। अगले साल की सर्दियों में उसने एक तख़्तापलट किया और फ्रांसीसी रिपब्लिक का पहला काउंसलर बन गया। नेपोलियन बेहद महत्त्वाकांक्षी था और युद्ध का राष्ट्रनायक भी। क्रान्ति की अराजकता में बहुत जल्द वह फ्रांस का हीरो बन गया। लोग लोकतंत्र के नाम पर नेताओं के ड्रामे से बीस साल में ही ऊब गए थे। 1804 में नेपोलियन फ्रांस का राजा बन गया। फ्रांसीसी क्रान्ति के बाद वह पहला राजा था। लेकिन उससे पहले ही 32 साल की विधवा जोसेफिन जो नेपोलियन से उम्र में 6 साल बड़ी थी उसकी ज़िन्दगी में प्रेमिका बनकर दाख़िल हो चुकी थी। जोसेफिन का पति क्रान्ति की अराजकता का शिकार हुआ था। उसे भी मौत के घाट उतार दिया गया था। जोसेफिन, युवा, ख़ूबसूरत और रसूखदार थी। फ्रांस के कई राजनेताओं से उसकी दोस्ती थी। वे सब उसे 'रोज' के नाम से जानते थे, क्योंकि जोसेफिन को गुलाबों से प्यार था। उसके घर के बगीचे में दुनिया भर की गुलाब की किस्में लगी थीं। नेपोलियन का भी सरकार में उठना-बैठना था। इस दौरान उसे जोसेफिन से प्यार हो गया। कहते हैं कि लड़ाई के मैदान में वह रातों में जाकर जोसेफिन को ख़ूबसूरत प्रेम पत्र लिखा करता था। लेकिन जोसेफिन उसके खतों का बहुत कम जवाब देती थी। नेपोलियन को जोसेफिन का 'रोज' नाम पसन्द नहीं था। वह उसे जोसेफिन ही सम्बोधित करता था। यह वह समय था जब नेपोलियन बोनापार्ट उन्नति के शिखर पर चढ़ रहा था। नेपोलियन इटली का सेना प्रमुख बना। उसी दौरान उसने 1796 में जोसेफिन से शादी कर ली।

लेकिन जोसेफिन उससे शायद कभी प्यार नहीं कर पाई। नेपोलियन के इतालवी अभियान के दौरान जोसेफिन के एक लेफ्टिनेंट से प्रेम का क़िस्सा सामने आया। नेपोलियन को इस बारे में मालूम चला तो उसने जोसेफिन को एक खत लिखा, जो इंग्लैंड (फ्रांस के जन्मजात शत्रु-देश) के हाथ लग गया। नेपोलियन का मजाक उड़ाने के लिए ब्रिटिश मीडिया में इस किस्से को खूब उछाला गया। इस घटना के बाद से जोसेफिन नेपोलियन की नज़रों से उतर गई। लौटकर नेपोलियन उसे छोड़ देना चाहता था। लेकिन जोसेफिन के आँसुओं से वह पिघल गया। शादी नहीं टूटी लेकिन नेपोलियन टूट गया था। इसके बाद उसके जोसेफिन से कभी सम्बन्ध सामान्य नहीं हो पाए। नेपोलियन ने अगले ही साल मिस्र में एक फ्रांसीसी सेना का नेतृत्व किया। इस अभियान के दौरान नेपोलियन

का अपने एक जूनियर अफ़सर की पत्नी, पॉलीन फोएरेस से इश्क़ हो गया। उसे फ्रांसिसी सैनिक 'नेपोलियन की क्लियोपेट्रा' कहते थे। वह ख़ूबसूरत थी। सैन्य अभियान पर सैनिकों को अपनी पत्नी को साथ ले जाने का नियम नहीं था। लेकिन शादी के तुरन्त बाद ही फोएरेस सैनिक के वेश में अपने पति के साथ पानी के जहाज़ पर सवार हो गई थी। ये उनका रोमांचक हनीमून था। बाद में नेपोलियन से सम्बन्ध के बाद उसके पति ने उसे तलाक दे दिया।

सैन्य अफ़सर से जोसेफिन के प्रेम की घटना के बाद जोसेफिन के जीवन में कोई और नहीं आया। लेकिन नेपोलियन बदल गया था। उसने कई औरतों से सम्बन्ध बनाए। राजा बनने मे पहले उसका एक चर्चित वाक्य था—'शक्ति मेरी रखैल है।' याद कीजिए यह वही फ्रांस था जिसके राजा लुई चौदहवें ने कभी कहा था—'मैं ही राष्ट्र हूँ।'

नेपोलियन की एक और प्रेमिका थी—डे वाडेय। उसे महारानी जोसेफिन के लिए एक लेडी-इन-वेटिंग चुना गया था। नेपोलियन ने चैटो डे सेंट-क्लाउड में अपना आशियाना बनाया था। ये पेरिस शहर से कोई पाँच किलोमीटर दूर है। डे वाडेय ने यहीं लेडी-इन-वेटिंग की शपथ ली थी। डे वाडेय सुन्दर थी, अच्छा गाती थी, बहुत जल्द लोगों से दोस्ती कर लेती थी। वह नेपोलियन के साथ पानी के जहाज़ की यात्रा पर निकल गई। इस यात्रा पर, कमउम्र डे वाडेय ने नेपोलियन को अपने वश में कर लिया। जल्द ही उनके प्रेम के किस्से पेरिस में फैल गए। एक दिन जोसेफिन ने उसे सेंट माउंट के महल में नेपोलियन के साथ रँगे हाथ पकड़ लिया। कहते हैं तब नेपोलियन और जोसेफिन में खूब झगड़ा हुआ। नेपोलियन ने जोसेफिन से तलाक तक माँग लिया। दोनों में बातचीत बन्द हो गई। डे-वाडेय से इस्तीफा ले लिया गया। जोसेफिन अपनी बेटियों के पास चली गई, जो उसके पहले पति से थीं। लेकिन जल्द ही उनमें समझौता हो गया। पोप पायस VII की मौजूदगी में 2 दिसम्बर, 1804 को इसी नोट्रे डेम डे पेरिस में राज्याभिषेक समारोह हुआ जिसमें एक पूर्व-व्यवस्थित प्रोटोकॉल के बाद, नेपोलियन ने पहले ख़ुद को ताज पहनाया, फिर अपनी पत्नी की घोषणा करते हुए अपनी प्रेमिका जोसेफिन के सिर पर फ्रांस की महारानी का मुकुट रख दिया।

प्राग

फ्रांज काफ़्का के शहर में

लाल खपरैल छत वाले घर के बाहर आपको लकड़ी के लॉकेट की तरह बने निशान पर अंग्रेज़ी अक्षर का 'के' लिखा मिलेगा। यानी आप काफ़्का के म्यूजियम पहुँच गए। मैं सोचता हूँ ये लकड़ी, उसी डॉगवुड ट्री से बनी है, जिस दरख़्त की लकड़ी से बनी सूली पर ईसा मसीह को लटकाया गया होगा। 'के' यानी काफ़्का। काफ़्का यानी विचित्र कथानक और रहस्यमय शब्दों का जादूगर। जो कहता था—'हमें ऐसी किताबें पढ़नी चाहिए, जो कुल्हाड़ी की तरह हमारे अन्दर के जमे बर्फ के समन्दर को चीरती चली जाए, हमें चोट पहुँचाए, हमें भीतर तक घायल कर दे। हम ऐसी किताबें पढ़ें, जिसे पढ़ने के बाद हम बिल्कुल वैसे न रहें जैसे हम किताब पढ़ने से पहले थे।' वही फ्रांज काफ़्का, जो केवल 41 साल की उम्र में, एक बन्द अन्धेरे कमरे में, गले के 'वॉइस बॉक्स' के तपेदिक से खाँसते हुए मर गया। वही काफ़्का, जिसने मरने से पहले अपने दोस्त और अपनी प्रेमिका से वादा लिया कि वह उसके अब तक लिखे सारे साहित्य को आग में जला दे क्योंकि वह सब कचरे के अलावा और कुछ नहीं। लेकिन उसके दोनों करीबी दोस्त ये हिम्मत नहीं जुटा सके। उसका लिखा छपा और पूरी दुनिया में तहलका मच गया। उसकी कलम में जादू था। एक तरह का अति-यथार्थवाद। वह रातोंरात एक इनसान से एक कीड़े में तब्दील होकर उसकी तरह सोच सकता था। गन्दे कीड़े की तरह ख़ुद को रेंगता हुआ महसूस कर सकता था। वो काफ़्का, जो नौकरशाही से बेतरह नफरत करता था और कहा करता था कि 'हर क्रान्ति आखिरकार भाप बनकर उड़ जाती है और अपने पीछे नौकरशाही

का नया कीचड़ छोड़ जाती है।' वो काफ़्का, जो कहता था—'मैं आपको समझा नहीं सकता। मैं किसी को भी ये समझा नहीं सकता कि मेरे भीतर क्या चल रहा है। और हैरत की बात है कि इसे मैं ख़ुद को भी समझा नहीं सकता कि मेरे अन्दर क्या चल रहा है।' वो काफ़्का, जो प्राग के शानदार महल (प्राग कैसल) के चट्टानी पत्थरों से छोटे से सर्वेंट क्वाटर नम्बर-22 में आकर अपने अन्दर का सारा ज़हर कागजों पर उतार देता था। वह काफ़्का, जो ख़ून की उल्टियाँ करते हुए लिखता रहा, लिखता रहा जब तक कि वह मर नहीं गया।

काफ़्का न प्राग को कभी भूल पाया और न प्राग उसे कभी भूल पाया। काफ़्का प्राग में वैसे ही मशहूर है जैसे क्यूबा में चे-ग्वेरा। चे-ग्वेरा की तरह काफ़्का के नाम के प्रतीक चिन्ह, टी शर्ट, पोस्टर, बीयर मग आपको वहाँ हर पर्यटन स्थल पर मिल जाएँगे। दुनिया भर के साहित्यकार प्राग को काफ़्का के शहर के नाम से पहचानते हैं। साहित्य में दिलचस्पी रखने वाला हर भारतीय पर्यटक प्राग जाकर काफ़्का का घर उसके नाम पर बना म्यूजियम एक बार ज़रूर देखना चाहता है। भारत के सैलानी प्राग में निर्मल वर्मा के बीयर में बहके हुए कदमों के पद चिन्हों को भी खोजते हैं। या उस बेंच को ढूँढ़ते हैं जहाँ लैंपपोस्ट की पीली रोशनी की छाया के नीचे वे अपने नोट्स बनाया करते थे। काफ़्का को पढ़ते हुए आप एक यातना को झेलते हैं। मैं प्राग में काफ़्का की ज़िन्दगी से लेकर उसके अन्तिम ठिकाने तक को देखना चाहता था। एक अनजान शहर में ये सब आसान नहीं है, जबकि आप और उस शहर के बीच भाषा की एक मजबूत लोहे की दीवार हो।

मजेदार बात है कि काफ़्का का अधिकांश लेखन चेक के बजाय जर्मन में है जिसका दुनिया की तकरीबन हर भाषा में अनुवाद हुआ। उन्होंने अपने जीवन का एक बड़ा हिस्सा ओल्ड टाउन स्क्वॉयर के अपने पुराने घर में बिताया। आप किसी से उनके घर का पता पूछिए तो वह आपको सेंट निकोलस चर्च के पास मशहूर खगोलीय घड़ी के पीछे का रास्ता बता देगा। प्राग सरकार इसे भी एक संग्रहालय में तब्दील कर रही है। काफ़्का के पिता एक यहूदी बस्ती में एक बड़ी दुकान चलाते थे। ख़ुद काफ़्का ने लिखा—'वे एक मतलबी किस्म के दबंग और पेशेवर कारोबारी थे।' लेकिन 20वीं सदी की दहलीज पर जन्मे फ्रांज काफ़्का का अपना व्यक्तित्व उतना ही संवेदनशील और सहज था। लेकिन उनकी मन:स्थित इतनी सहज नहीं थी। जैसा कि मैंने उनकी कहानियों में पाया।

दूसरे विश्वयुद्ध में जर्मन सेना ने यहूदी बस्ती जला दी थी जिसमें काफ़्का का घर भी था। ये इत्तेफ़ाक ही है कि हिटलर के उत्थान से पहले ही काफ़्का दुनिया से विदा हो गए थे, वरना इस यहूदी लेखक का साहित्य कुछ और जहरीला होता।

काफ़्का को नोबल नहीं मिला जबकि ये पुरस्कार उन्हीं के जमाने में अभी शुरू ही हुआ था और जब काफ़्का को कोई ठीक से जानता तक नहीं था। कहते हैं नोबल पुरस्कार जीतने वाले बीसवीं सदी के चर्चित लेखक गाब्रियल गार्सिया मार्केज़ को जादुई यथार्थ की प्रेरणा काफ़्का से मिली। यह बात मार्केज़ ने ख़ुद स्वीकार भी की है। एक बार उनके किसी दोस्त ने उनको काफ़्का की किताब *मेटामॉर्फोसिस* (कायापलट) की एक प्रति भेंट की। इस किताब की शुरुआत में ही एक सेल्समैन ग्रेगर साम्सा रात में एक अजीब-सा सपना देखता है। और सुबह सोकर जब उठता है तो ख़ुद को एक बड़े भयानक कीड़े में तब्दील हुआ पाता है। वह समझ नहीं पाता है कि यह सब सच है या उसका सपना अभी तक जारी है। उसे ठीक से फिर सो जाना चाहिए। शायद उसकी नींद अभी पूरी नहीं हुई। लेकिन वो फिर सोने में नाकाम रहता है। फिर धीरे-धीरे उसे पक्का यकीन हो जाता है कि वह दरअसल एक रेंगने वाला 'राक्षसी कीड़ा' बन चुका है। इस किताब के कथानक ने मार्केज़ के होश उड़ा दिए। तब उसने पहली बार सोचा कि यथार्थ और कल्पना के सम्मिश्रण से ऐसा भी कुछ 'बेहूदा' लिखा जा सकता है जो असम्भव होते हुए भी यथार्थ हो। और तब उसने जादुई यथार्थवाद की लेखन शैली विकसित की, जो बहुत जल्द पूरी दुनिया में चर्चा का केन्द्र बन गई।

प्राग के मशहूर चार्ल्स ब्रिज के दो दरवाज़े हैं। ये ओल्ड टाउन और लेसर टाउन को जोड़ते हैं। लेसर टाउन के हिस्से में कोई दस मिनट आगे बढ़ते हुए वाल्तावा नदी के किनारे आपको 'माला स्त्रेना' स्ट्रीट पर काफ़्का का म्यूजियम मिल जाएगा। ये म्यूजियम और यहाँ बनी कलाकृतियाँ देखने लायक हैं। काफ़्का की कहानियों के कुछ दृश्य इस घर की खिड़कियों से दिखते हैं। म्यूजियम में काँच के बक्सों में कैद काफ़्का की किताबें, उनकी डायरी के लिखे पन्ने हैं, जिसे आप पढ़ सकते हैं। इसमें उनकी तस्वीरें और कुछ हस्त लिखित दस्तावेज भी हैं। कुछ प्रूफ सुधारे हुए पन्ने हैं। कुछ अधूरे रेखा चित्र हैं जो ख़ुद काफ़्का ने बनाए हैं।

प्राग में काफ़्का से जुड़ी दो प्रतिमाएँ सैलानियों का ध्यान ख़ासतौर पर खींचती हैं। एक सूट पहने बिना चेहरे के आदमी के कन्धे पर सवार काफ़्का। मूर्तिकार

जार्सोल्वा की इस ब्रांज प्रतिमा का आइडिया काफ़्का की कहानी 'डिस्क्रिप्शन ऑफ़ स्ट्रगल' से लिया गया है, जिसमें लेखक एक व्यक्ति के कन्धे पर घोड़े की तरह सवार हो जाता है। दूसरी चर्चित लेकिन अजीबोगरीब प्रतिमा काफ्फा म्यूजियम के बाहर दो युवाओं की है जो एक-दूसरे के सामने पेशाब करने की प्रतियोगिता करते दिख रहे हैं। जिस छोटे से ताल में उनका पेशाब गिर रहा है, वह चेक गणराज्य के नक़्शे के आकार का है। इस प्रतिमा को लेकर ख़ास विवाद हुआ। कहते हैं, मूर्तिकार डेविड कार्ने इस कृति के जरिये कहना चाहते हैं कि चेक और स्लाविया के विभाजन के बाद चेक केवल इसी काम के लिए रह गया है।

अन्त समय में काफ़्का को उदासी और मायूसी ने घेर लिया था। उनके लेखन को तब ज़्यादा लोग नहीं जानते थे। वह चाहते भी नहीं थे कि कोई उन्हें जाने। उन्होंने अपने मनोभावों को अपनी डायरी में दर्ज किया। काफ़्का की डायरी उनकी मौत के बाद छपी। वे लिखते हैं—'जब अन्त करीब लगता है, ठीक तभी कहीं से एक अलग तरह की ऊर्जा और ताकत मिलती है और तब महसूस होता है कि ऐसे उदास लम्हों में आप जिन्दा हैं। लेकिन अगर आप ऐसा महसूस नहीं करते तो तब आपके लिए सब यहीं और इसी वक़्त ख़त्म हो गया।' वे लिखते हैं—'मरना एक मानवीय प्रक्रिया है, इसलिए मनुष्य मरते हैं, लेकिन बन्दर समूची मानव जाति में जीवित रहता है। यह अतीत से मिले एक कठघरे के अलावा कुछ नहीं, जिसमें भविष्य की सुनहरी सलाखें जुड़ी हुई हैं।'

मेटामॉर्फोसिस और इन द पीनल कॉलोनी जैसी क्लासिकल कहानियों और द *ट्रायल*, द *कैसल* और ट्रैजिक-कॉमिक उपन्यासों के लेखक फ्रांज काफ़्का आधुनिक साहित्यकारों के लिए हमेशा एक रहस्य और प्रेरणा बने रहे। यूरोप के सामाजिक ताने-बाने ने काफ़्का की उदासी को और भी गहरा दिया था। वह समलैंगिक भी थे। उनके कई महिला व पुरुष प्रेमी रहे। उन्होंने शादी नहीं की। वे यहूदी थे और जबकि उनकी अन्तिम प्रेमिका मीलिना जेंस्सक ईसाई। वह पेशे से एक चेक पत्रकार थी।

संग्रहालय में काफ़्का के प्रेम पत्र भी रखे हैं। वे मीलिना को लिखते हैं—'तुम्हारे सबसे सुन्दर खत वे हैं, जिनमें तुम मेरे डर से सहमत हो और साथ ही यह समझाने की कोशिश करती हो कि मेरे लिए डर का कोई कारण नहीं है। शायद तुम्हें कभी-कभी लगता हो जैसे मैं अपने डर को ख़ुद ही पाल रहा हूँ पर

तुम इससे भी इनकार नहीं कर सकती कि ये डर मुझमें बहुत गहराई तक बस चुका है। शायद यही मेरा वह अकेला रूप है, जिसे तुम प्यार करती हो क्योंकि तुम्हें मुझमें प्यार के क़ाबिल और क्या मिलेगा? सच है, इनसान को किसी को प्यार करना है तो उसकी कमजोरियों को भी खूब प्यार करना चाहिए। तुम यह बात जानती हो, इसीलिए मैं तुम्हारी हर बात का कायल हूँ। तुम्हारा होना मेरी ज़िन्दगी में क्या मायने रखता है यह बता पाना मेरे लिए मुमकिन नहीं है।'

प्राग के महल में उनके पत्थर के छोटे से कमरे में अब काफ़्का की किताबों, उनसे जुड़े प्रतीक चिन्हों की दुकान है। इसके संचालक मैथ्यूज बताते हैं कि यहाँ काफ़्का अपनी बहन के साथ रहे। उनका सबसे बेहतरीन लेखन यहीं इस छोटे से कमरे में हुआ। अपनी मौत के बाद काफ़्का प्रसिद्ध हुए ख़ासतौर से दूसरे विश्वयुद्ध के बाद। प्राग के यहूदी क़ब्रिस्तान में आज भी उनकी क़ब्र है जिसे बाद में मशहूर वास्तुशिल्पकार लियोपोल्ड एहरमन ने डिजाइन किया। काफ़्का की क़ब्र पर उनका परिचय हिब्रू में 'एक शानदार गैरशादीशुदा इनसान' के रूप में आदर के साथ दिया गया है।

मैं उस यहूदी क़ब्रिस्तान में काफ़्का की क़ब्र के पास कभी देर से बैठा हूँ। उनकी क़ब्र पर एक सूखा-सा पेड़ उग आया है। उस वीरान सी क़ब्र पर कुछ मुरझाए हुए गुलदस्ते पड़े हैं। हज़ारों मील का सफ़र पूरा कर आखिर में मैं उस क़ब्र तक पहुँच गया। काफी थक गया हूँ। लेकिन एक सुकून है। मैं काफ़्का की क़ब्र की तरफ देखता हूँ। जैसे काफ़्का मुझसे कहना चाहते हैं—'अपने जुनून को पूरा करने में पूरी निर्दयता बरतो।' शायद इस लम्बे सफ़र पर निकलकर मैं यही तो कर रहा हूँ।

बस...इस लालटेन की रोशनी में पीछे चलते रहिए

इस वक़्त रात के कोई साढ़े बारह बजे हैं। लेकिन प्राग शहर का यह मध्यकालीन हिस्सा नीम अँधेरे में भी धड़क रहा है। शायद इसीलिए प्राग के 'ओल्ड टाउन स्क्वॉयर' को प्राग का दिल कहते हैं। बारहवीं सदी का यूरोप यहाँ जीवन्त है। ये स्क्वॉयर सैलानियों की भीड़ को हमेशा से आकर्षित करता रहा है। पुरानी ऊँची इमारतों के बीच एक-दूसरे को काटती, चौड़ी शानदार गलियाँ। उन पर पहाड़ी चट्टानों को तराश कर बिछाई गई टाइल्स की एक लम्बी श्रृंखला। ऊपर खम्भों

पर टँगी पीली रोशनियाँ, उन गलियों को और भी रहस्यमयी बना रही हैं। गोथिक कैथेड्रल और पुराने चर्च की चमकीली दीवारें इस रहस्य को और गहरा देती हैं। काले लिबास में एक दुबली-पतली ख़ूबसूरत-सी टूरिस्ट गाइड हाथ में जलती हुई लालटेन लेकर आगे चल रही है। उसके चेहरे का आधा हिस्सा लम्बे काले कोट के हुड से ढँका है। उसके पीछे टूरिस्टों का एक छोटा-सा दल है। 'इस लालटेन की रोशनी के पीछे चलते रहिए।' वह गहरे लिपस्टिक लगे होंठों से धीमी लेकिन रहस्यमय आवाज़ में अंग्रेज़ी में बुदबुदाती है। वह दल ख़ामोशी से उसके पीछे हो लेता है। वह अँधेरे में डूबे काली नुकीली मीनारों के बने टाइन चर्च के किनारे की एक इमारत के पास जाकर ठहर जाती है। "ये बेसमेंट आप देख रहे हैं।" टूरिस्ट गाइड लालटेन नीचे रखकर कहानी शुरू करती है—"यहाँ वो ख़ूबसूरत बला रहती थी। उसका नाम सुजाना था। पूरा प्राग उसके सौन्दर्य का दीवाना था। लेकिन वह किसी से प्रेम नहीं करती थी, सिवाय ख़ुद के। लेकिन एक दिन उसे एक तुर्क व्यापारी से प्रेम हो गया। ये पहली नज़र का प्यार था। दोनों मिलने लगे। और एक दिन विदाई का वक़्त आ गया। जाते वक़्त उस तुर्क ने कहा—सुजाना, मैं वापस आऊँगा, तुम मेरा इन्तज़ार करना। चाहे कितना वक़्त क्यों न बीत जाए। मैं आऊँगा ज़रूर। दिन, महीने और साल बीतने लगे। सुजाना उदास रहने लगी। फिर एक स्थानीय युवक उसकी ज़िन्दगी में आया। दोनों में प्रेम हुआ। दोनों की शादी इसी चर्च में होनी थी। लेकिन ठीक शादी के दिन वह तुर्क वहाँ पहुँच गया। वह उससे अन्तिम बार बात करना चाहता था। तुर्क उसे तहखाने के एक अलग कमरे में ले गया। फिर क्या हुआ किसी को नहीं मालूम।" यूरोपीय देशों की टूरिस्ट महिलाएँ साँस रोके ये कहानी सुन रही हैं। वह ख़ूबसूरत गाइड नाटकीय शक्ल बनाते हुए कहानी को क्लाइमेक्स तक ले गई—"फिर वे दोनों कभी, किसी को नहीं दिखे। उन्हें साथ जाते किसी ने नहीं देखा। उन दोनों के शव भी कहीं नहीं मिले। उन दोनों का क्या हुआ ये आज तक किसी को नहीं मालूम। लेकिन प्यार में डूबे उस स्थानीय युवक ने इस टाइन चर्च की ऊँची मीनार से कूद कर जान दे दी। तब यहाँ पुराना चर्च हुआ करता था। वह अभिशप्त हो गया। उसी जगह यह नया चर्च बनाया गया। लेकिन उसकी आत्मा यहाँ आज भी भटकती है।" मैं मुड़कर देखता हूँ चर्च के दक्षिणी कोने में एक दूसरा टूरिस्ट गाइड सिर तक काले लिबास में अपने साथ के सैलानी दस्ते को इसी तरह के झूठे-सच्चे किस्से सुना रहा है। उसके हाथ में

भी एक जलती हुई लालटेन है। शायद ये यहाँ के टूरिस्ट गाइड का ड्रेस कोड है जो पूरे वातावरण को और दिलचस्प बनाता है।

मैं टाइन चर्च की तरफ बढ़ जाता हूँ। ये 11वीं सदी से इस महान शहर का हिस्सा है। पहले यहाँ विदेशी व्यापारियों के लिए एक चर्च हुआ करता था जैसा कि उस टूरिस्ट गाइड ने बताया था। चौदहवीं सदी में इसका रूप बदलकर नया चर्च बना। इसे 'चर्च ऑफ ऑवर लेडी बीफोर टाइन' का नाम दिया गया। टाइन चार्म एक चेक शब्द है जिसका अर्थ है—ईश्वर की माँ का चर्च। ईश्वर, यहाँ ईसा मसीह को कहा गया है। हालाँकि वे ख़ुद को ईश्वर का बेटा कहते थे। इसके भीतर शिशु क्राइस्ट को गोद में लिए उनकी माँ वर्जिन मेरी की प्रसिद्ध प्रतिमा है। यह शायद किसी गिरजे में पत्थर की पहले पहल बनी प्रतिमा है। ये प्रतिमा दुनिया भर के अर्टिस्टों में 'मैडोना एंड चाइल्ड' के नाम से प्रसिद्ध है। 'मैडोना' इटेलियन शब्द है जिसका अर्थ है—'मॉय लेडी।' लियोनार्डो द विंची ने भी इसका एक चित्र पन्द्रहवीं सदी में बनाया। ये चर्च तकरीबन 80 मीटर ऊँचा है। दिन में इसे देखें तो लगेगा चट्टानी पत्थरों से बनी दो इमारतों को किसी ने काले रंग का ताज पहना दिया हो। गोथिक शैली में बने इस चर्च की चार छोटी-छोटी मीनारें काले पत्थरों की बनी हैं। मीनारें प्राग वास्तुकला की पहचान हैं।

चर्च के सामने ही एक ऊँचे टावर पर कई डॉयल वाली एक विशालकाय खगोलीय घड़ी लगी है। ये अद्भुत घड़ी सैलानियों के कौतूहल का केन्द्र है। कहते हैं ये घड़ी प्राग के इतिहास की गवाह है। ये घड़ी यहाँ 1410 में लगी थी। इसे हनस नाम के एक घड़ीसाज ने बनाया था। कथा है, प्राग काउंसलरों को डर था कि कहीं हनस ऐसी ही घड़ी किसी और देश में न बना दे। यह शर्त पहले ही रख दी गई थी कि हनस ऐसी घड़ी कहीं और नहीं बनाएगा। हनस ने कहा भी था कि 'मैं एक जैसी घड़ी दोबारा कभी नहीं बनाता। ये मेरा अपनेआप से ही कमिटमेंट है। इसलिए आप लोग निश्चिंत रहें।' लेकिन काउंसलरों को यकीन नहीं था। उन्होंने किराए के कुछ अपराधी भेजकर हनस की आँखें लोहे की गर्म सलाख़ों से फोड़ दीं। उसकी अँगुलियाँ भी काट दीं ताकि वह अपने जीवन में कोई दूसरी घड़ी न बना सके। ये एक कलाकार घड़ीसाज के लिए तकलीफ़देय था। कहानी कहती है कि हनस ने अपने एक शार्गिद की मदद से ये घड़ी खराब कर दी। इसकी मशीनरी कोई और नहीं समझ सकता था। नतीजतन अगले सौ साल तक घड़ी बन्द पड़ी रही। बाद में एक अन्य घड़ी

साज ने इसे दुरुस्त किया। सदियों के लम्बे कालखंड में इस ऐतिहासिक घड़ी की सुइयाँ कई बार थमीं। घड़ी कई दशकों तक बन्द पड़ी रही। लेकिन हर बार देर-सबेर उसे दुरुस्त करने के लिए कोई इंजीनियर मिल ही जाता। प्राग इस घड़ी की उपेक्षा नहीं कर सकता था।

घड़ी में डॉयल के तीन सेट हैं, जो तीन तरह से अलग-अलग वक़्त बताते हैं। एक सेट मध्ययुगीन इटेलियन टाइम बताता है जिसका इस्तेमाल मध्ययुगीन चेकवासी करते थे। दूसरा सेट आधुनिक यूरोपियन टाइम का है, जो सूर्य के चढ़ने और उतरने के आधार पर एक से 24 घंटे का वक़्त मापता है। तीसरा सेट बेबीलोन सभ्यता के समय की गणना करता है। डॉयल का रंग गहरा नीला है जो अनंत आसमान का प्रतीक है। घड़ी को कुछ ऐसा डिजाइन किया गया है कि हर एक घंटे पर जीसस के प्रसिद्ध बारह धर्म प्रचारक सन्तों की मूर्तियाँ एक खिड़की से बाहर निकलकर परेड करती हुई फिर खिड़की से अन्दर चली जाती हैं। ये पहली ईसवी सदी के वही 12 धर्म प्रचारक हैं, जिनका जिक्र ओल्ड टेस्टामेंट और कुरान में है। इन्हीं के साथ ईसा ने अपनी मृत्यु से पहले अन्तिम बार भोज किया था जिसकी प्रसिद्ध पेंटिंग महान चित्रकार लियोनार्डो द विंची ने 'द लास्ट सपर' के नाम से बनाई है। प्राग में इस घड़ी को लेकर किंवदंती है कि जिस दिन इस घड़ी की उपेक्षा होगी, 12 देवदूतों की जगह एक भूत इस घड़ी की खिड़की से बाहर आएगा और ये शहर तबाह हो जाएगा। उम्मीद की अन्तिम किरण सिर्फ वह नन्हा यीशु होगा, जिसने सदी के नए साल की पूर्व संध्या पर जन्म लिया है। घड़ी के इर्द-गिर्द और भी कई रहस्यमय मूर्तियाँ हैं। हर मूर्ति की एक मध्ययुगीन कहानी है। घड़ी के किनारे के हिस्से में एक मूर्ति के साथ एक आदमकद मानव कंकाल लटका है। उस कंकाल के एक हाथ में रेत घड़ी और दूसरे हाथ में घंटी है। उसके बगल की मूर्ति हाथ में वायलन लिये एक संगीतकार की है। प्राचीन समय में इसका इस्तेमाल जर्मनवासी करते थे। वक़्त की गणना का ये दिलचस्प तरीका था। जो बारह महीने के हिसाब से तय होता था। जिसमें गर्मियों में दिन बड़े और जाड़े में दिन छोटे होते हैं। इस घड़ी में सभी ग्रह दिखाए गए हैं जो वक़्त के साथ अपनी दिशा बदलते हैं। ये घड़ी यह भी बताती है महीने में चन्द्रमा कब आधा और कब पूरा होगा। हर महीना किसी न किसी राशि से जुड़ा है। ये दुनिया की तीसरी पुरानी खगोलीय घड़ी है जो आज तक सही वक़्त बता रही है। दुनिया में इससे पुरानी कोई और घड़ी

नहीं बची जो चालू हालत में हो। ये घड़ी अन्य खगोलीय जानकारियों और वक़्त के साथ-साथ अन्तरिक्ष में सूर्य और चन्द्रमा की स्थिति भी बताती है। ये वह दौर था जब समझा जाता था कि पृथ्वी इस ब्रह्मांड के केन्द्र में है। और सारे ग्रह उसके इर्द-गिर्द चक्कर लगाते हैं। तब तक निकोलस कापरनिक्स नहीं आया था जिसने पहली बार कहा कि पृथ्वी सूर्य के चक्कर लगाती है। सोचता हूँ हम वक़्त नापने का सिर्फ एक चौबीस घंटे का आधुनिक तरीका जानते हैं जबकि उस प्राचीन युग में वक़्त के पैमाने के कितने ही तरीके मौजूद थे।

गलियों के किनारे बने ओपन रेस्त्राँ, कॉफी हाउस और बार टूरिस्टों से गुलजार हैं। गर्मियों की इस गुलाबी ठंडी रात में सैलानी ठंडी बीयर और वाइन के सिप ले रहे हैं। मैं अकेला एक चेयर पर बैठ जाता हूँ। अपने लिए रेड वाइन ऑर्डर करता हूँ। साथ में कुछ खाने का मन है लेकिन मैन्यू कार्ड बताता है कि उनके हर व्यंजन में पोक और बीफ है। दूर चर्च के पास टूरिस्ट गाइड अपने रोचक किस्सों से सैलानियों का मन बहला रहे हैं। घड़ी का एक घंटा बजता है। उन बारह देवदूतों की परेड शुरू हो जाती है। रात काफी हो चली है। चाँद की रोशनी से आसमान में बादल दिख रहे हैं। ठंड बढ़ गई है। शायद बारिश होगी। मुझे अब अपने कमरे की तरफ लौटना चाहिए। पुराने शहर के इस हिस्से में न ट्रामें चलती हैं, न बस। उन गलियों से दस मिनट पैदल निकलने के बाद ही कोई साधन मिलेगा। वहाँ से सबसे करीब अंडर ग्राउंड मेट्रो स्टेशन ज़रूर है। स्टेशन का नाम है—स्टारोमेस्टका। शहर के सारे बस, मेट्रो, रेलवे स्टेशनों के नाम चेक में हैं। अंग्रेज़ी के अक्षर मिलाकर आप इसका उच्चारण नहीं कर पाएँगे। कुछ महत्त्वपूर्ण स्टेशनों के नामों का उच्चारण मैंने अपने मेजबान एडम से सीखकर अपने मोबाइल नोट्स में हिन्दी में दर्ज कर लिये हैं। इसलिए रास्ता पूछने में कहीं कोई दिक्कत नहीं आती। सोचता हूँ इनसान कैसे अपनी ज़रूरतों के हिसाब से किसी निपट अनजान देश में भी सर्वाइवल का रास्ता खोज ही लेता है। मेट्रो स्टेशन पर मैं अपनी घड़ी देख रहा हूँ। रात के दो बज गए हैं। मेरे देश में इस समय सुबह के छह बज रहे होंगे। वो खगोलीय घड़ी मेरे दिमाग़ में घूम रही है। ग्रह नक्षत्र धीमे-धीमे आगे खिसककर वक़्त के साथ अपनी जगह बदल रहे हैं। आखिर ये समय क्या है? एक शून्य से घिरे एक खाली स्पेस को हमने अपनी सहूलियत के हिसाब से काल खंडों में विभाजित कर दिया है। साल, महीने, हफ्ते, घंटे, मिनट से लेकर सेकेंड तक। कल हम सेकेंड के टुकड़े कर

लेंगे। लेकिन वक़्त कभी नहीं रुकेगा। इस अनंत ब्रह्मांड में हमारे इस वक़्त की कोई हैसियत नहीं है। लेकिन हमारे लिए वह अहम है क्योंकि हमारा जीवन सीमित और उपयोगी है। इसीलिए मनुष्य ने घड़ी का आविष्कार किया। हनस ने ये अनोखी घड़ी बनाई क्योंकि वक़्त बहुत कीमती है। मुझे लगता है कि प्राग की ये मध्ययगीन खगोलीय घड़ी दरअसल, पुनर्जन्म में यकीन न करने वाले यूरोप के समय के दर्शन की एक प्रतीक है। जो मानता है कि इस अनन्त कायनात में हमारी ज़िन्दगी कितनी छोटी है और हम अपना वक़्त बर्बाद कर इसे और भी छोटा बना देते हैं।

चार्ल्स ब्रिज

सदियों से सैलानियों के दिलों को जोड़ता एक पुल

प्राग के पुराने शहर की गलियों से टहलते हुए आप सीधे चार्ल्स ब्रिज पर पहुँचेंगे। इस वक़्त शाम ढल रही है और मैं पत्थरों से बने भव्य चार्ल्स ब्रिज पर हूँ। मैं पूरे यकीन से इसे दुनिया का सबसे सुन्दर ब्रिज कह सकता हूँ। दरअसल, गोथिक शैली के बने इस ब्रिज की लोकेशन ज़बरदस्त है इससे जुड़ी कहानियाँ और भी दिलचस्प। रामायण और महाभारत जैसे महाकाव्य परम्परा के हम हिन्दुस्तानियों की कथाओं में ख़ास दिलचस्पी रहती है। सूर्योदय और सूर्यास्त के समय यहाँ से शहर का नज़ारा देखना एक अलौकिक अनुभव है। दिन में प्राग की लाल खपरैल की छतों की ख़ूबसूरत इमारतें, शहर में धीमी चाल से रेंगती दर्जनों लाल ट्रामें, नीली बसें और पैदल चलते रंग-बिरंगे लोग। रात के वक़्त पूरा प्राग यहाँ से रोशनियों से झिलमिलाता है। जैसे लगता है आप टिमटिमाते जुगनुओं के किसी शहर में हैं। आप उनमें से किसी एक जुगनू को छू नहीं सकते क्योंकि छूने से पहले ही वे आगे उड़ जाएँगे और आपके पास उन टिमटिमाती रोशनियों के पीछे भागने के सिवा कोई रास्ता नहीं बचेगा।

प्राग, चेक रिपब्लिक की राजधानी है। लेकिन यहाँ हर जगह, हर इमारत पर आप प्राह् लिखा पाएँगे। प्राग को स्थानीय स्लाविक भाषा में 'प्राह्' कहते हैं। चेकोस्लाविया दो अलग-अलग संस्कृतियों, चेक और स्लाविया से मिलकर बना है। प्राचीन स्लाविक भाषा में 'प्राह्' का मतलब है, तेज बहने वाली नदी। जो ठीक प्राग शहर के बीच से बहती है और जिसका नाम वॉलदावा है। अंग्रेज़ी में इसका सही उच्चारण 'वीएल दावा' है। चेक के लोग इसे 'वक्दावा' कहते

हैं। इस नदी के लिए यही उनका उच्चारण है। इसीलिए इस शहर का नाम प्राग पड़ा। वॉलदावा नदी 430 किलोमीटर लम्बी है। ज़ाहिर है ये इस देश की सबसे लम्बी नदी है। शहर में इस नदी पर कई ब्रिज हैं जो नए और पुराने प्राग को जोड़ते हैं। लेकिन इन पुलों में सबसे मशहूर पुल चार्ल्स ब्रिज के नाम से जाना जाता है।

प्राग शहर के ठीक बीच में बना ये पुल बहुत लम्बा नहीं है। इसकी कुल लम्बाई कोई 514 मीटर है यानी तेज कदमों से पाँच मिनट में आप पुल पार कर लेंगे। यह गोथिक पुल ओल्ड टाउन को लेसर टाउन से जोड़ता है। लेसर टाउन की तरफ किनारे आपको पत्थर का एक नाइट भी खड़ा मिल जाएगा इस नदी के चौकीदार के रूप में। और पुल के आखिरी हिस्सों में दोनों तरफ एक-एक टावर है। ये दोनों टावर इस पुल के सौन्दर्य को चार चाँद लगाते हैं। ख़ास तौर पर पुराने शहर की तरफ वाला टावर। ये बोरेक शैली में बना एक तरह का मेहराबदार द्वार है। ब्रिज की सड़क पर छोटे-छोटे चौकोर चमकदार पत्थर बिछे हैं, जैसे मुझे पुराने शहर की गलियों में बिछे दिखे थे। रोजाना हज़ारों हज़ार सैलानियों के चलते हुए कदमों के कारण घिसकर ये पत्थर और चमकदार हो गए हैं।

कहते हैं, इस पुल का पहला पत्थर चार्ल्स चतुर्थ ने 9 जुलाई, 1357 की सुबह 5:31 बजे रखा था। वह बोहमिया हुकूमत का पहला राजा था, जो पवित्र रोमन सम्राट बना। उसकी माँ चेक थीं। पवित्र रोमन साम्राज्य के लिए इस ब्रिज की नींव रखने का समय बहुत महत्त्वपूर्ण था, क्योंकि वो अंकशास्त्र में तकरीबन अन्धविश्वास करते थे। अंकशास्त्र में यह संख्या 1357, 9, 7, 5:31 बनी। इस संख्या को डिकोड कर अंकशास्त्रियों ने गणना की थी कि इस पुल के जरिये चार्ल्स चतुर्थ अमर हो जाएँगे और दुनिया में उनका नाम क़यामत तक जिन्दा रहेगा। मुझे अंकगणित पर बहुत विश्वास नहीं है लेकिन अगर देखें तो वे गलत नहीं थे। ये पुल आज भी चार्ल्स ब्रिज के नाम पर जाना जाता है और दुनिया भर से करोड़ों लोग इसे देखने आते हैं और सम्राट चार्ल्स का नाम लेते हैं। शायद इसलिए कहते हैं सम्राट अपनी सल्तनत से नहीं, आपने किए गए कामों से याद किए जाते हैं।

ब्रिज के दोनों तरफ की दीवारों पर ईसा सम्प्रदाय व बाइबिल की कहानियों से जुड़ी करीब तीस मूर्तियाँ लगी हैं। कोई पत्थर की है तो कोई मूर्ति ब्रांज जैसी ठोस धातु की। कई मूर्तियाँ लकड़ी की भी हैं। ये सभी मूर्तियाँ, कला के लिहाज़

से बेजोड़ हैं। मैंने पाया प्राग ही नहीं, तकरीबन पूरा यूरोप मूर्तियाँ गढ़ने में माहिर है। मूर्तियों से यूरोपियन्स का ख़ास लगाव है। इसके पीछे मूर्ति पूजा का हम हिन्दुस्तानियों जैसा भक्तिभाव नहीं। लेकिन मूर्तियों के पीछे छुपी कथाएँ शायद यूरोपवासियों को जीवन की प्रेरणा देती हैं।

मैं पुल पर आगे बढ़ता हूँ। नीचे वॉलदावा नदी और दोनों तरफ ख़ूबसूरत शहर में लाल छतों की इमारतें एक कतार में दिख रही हैं। सैलानी, पुल के दोनों तरफ दीवार पर लगी मूर्तियों के साथ सेल्फी खींचने में मशगूल हैं। इन्हीं में एक मूर्ति जीसस को सूली से उतारने के बाद उनके शव को गोद में लेकर बिलखती उनकी संगिनी मेरी मैगालिन और उनकी माँ वर्जिन मेरी की है। ये मूर्ति इतनी जीवन्त है कि आपको उदासी घेर लेगी। एक अन्य प्रतिमा युवा जीसस के साथ सेंट जोसफ की है, जो जीसस के जैविक पिता थे। इसी तरह ईसाई सम्प्रदाय के तमाम सन्तों, पादरियों और विद्वानों की मूर्तियाँ आपको बरबस अपनी तरफ खींच लेंगी।

एक मूर्ति ईसा को सूली पर लटकाने की है। इस मूर्ति की कहानी दिलचस्प है। मूल प्रतिमा 1361 में लकड़ी की थी। लेकिन सौ साल के अन्दर ही उसे नष्ट कर दिया गया। 17वीं सदी में लकड़ी की नई प्रतिमा बनी। वह हूबहू पुरानी प्रतिमा की नकल थी। लेकिन 1696 के यूरोप के तीस वर्षीय युद्ध में यह प्रतिमा भी क्षतिग्रस्त हो गई। 1696 में प्राग अथॉरिटी ने एक स्थानीय यहूदी नेता एलिस बैकोफन को ईश निंदा का दोषी करार देते हुए उस पर भारी जुर्माना लगाया और आदेश दिया कि यहूदियों से चन्दा एकत्र कर वह सोने की परत वाली हिब्रू शब्दों की पट्टिका बनवाए। जिस पर हिब्रू में लिखा गया—'होली, होली, होली, द लॉर्ड्स ऑफ होस्टस'। इसे सूली पर टँगे जीसस की गर्दन के पीछे अर्ध चन्द्राकार लगाया गया। सांकेतिक रूप से यह प्राग के यहूदियों के लिए अपमान का प्रतीक था। उन यहूदियों के लिए जिन्हें जीसस को सूली पर लटकाने का जिम्मेदार माना जाता है।

जैसा कि अब तक आप समझ गए होंगे कि ये सभी मूर्ति अब उतनी प्राचीन नहीं रहीं जितना कि ये पुल है। क्योंकि ये वॉलदावा नदी की बाढ़, कभी आन्तरिक विद्रोह तो कभी विदेशी आक्रमणों से नष्ट होती रहीं। लेकिन चेक के महान कलाकारों ने ठीक उन्हीं प्रतिमाओं की हूबहू मूर्तियाँ फिर से बना दीं। इनमें ज़्यादातर कलाकार प्राग की प्राचीन चार्ल्स यूनिवर्सिटी के थे।

इस ब्रिज पर मुझे एक और दिलचस्प नज़ारा दिखा। सैलानी सेंट नीपोमेखो की मूर्ति को छूते हुए फोटो खिंचवा रहे हैं। ब्रांज की ये बड़ी प्रतिमा वक़्त के साथ काली पड़ गई है। लेकिन इस मूर्ति के कुछ हिस्से आज भी सोने की तरह चमक रहे हैं। वजह मूर्ति के कुछ हिस्से को रोजाना हज़ारों लोग छूते हैं। उनके स्पर्श से ये ब्रांज आज भी चमकदार है, सोने जैसा। यही इस प्रतिमा का असली रंग है। लोग इसे क्यों छूते हैं? उन्हें सिर्फ इतना बताया जाता है कि इस प्रतिमा का स्पर्श जीवन में सौभाग्य लाता है। बाद में मैंने एडम से पूछा तो उसने बताया कि नीपोमेखो, बोहेमिया साम्राज्य का सन्त माना जाता था। बोहेमिया, चेक रिपब्लिक का पुराना नाम है। ये कोई चौदहवीं सदी की घटना है। कहते हैं रोमन साम्राज्ञी ने इस सन्त के सामने अपने किसी अपराध के लिए प्रायश्चित किया था। रोमन सम्राट को पता चला तो उसे हैरत हुई कि साम्राज्ञी ने ऐसा कौन सा अपराध किया जो उससे छुपा है। सम्राट ने सन्त नीपो से जानना चाहा कि रानी ने क्या कन्फेशन किया है। ईसाई धर्म में चर्च के पादरी से ये अपेक्षा की जाती है कि वह किसी के भी कन्फेशन को मरते दम तक सार्वजनिक नहीं करेगा। सन्त नीपो ने साफ मना कर दिया तो सम्राट ने उनकी हत्या कर उन्हें प्राग की जनता के सामने ही उसी जगह से वॉलदावा नदी में फेंक दिया। इस घटना के बाद वॉलदावा में ऐसी बाढ़ आई कि राजा के महल समेत आधा शहर पानी में डूब गया। शहर में 'शहीद सन्त' का सम्मान तब से और बढ़ गया। प्रागवासी उन्हें कभी नहीं भूल पाए। शहर में सन्त नीपो की कई प्रतिमाएँ हैं। इस ब्रिज पर भी उनकी प्रतिमा लगी है। यह प्रतिमा पहले लकड़ी की थी, बाद में ब्रांज की नई प्रतिमा बनाई गई। प्रतिमा के निचले हिस्से में उन्हें नदी में फेंके जाने की घटना चित्रित है। यह प्रतिमा सौभाग्य की प्रतीक है। कहते हैं इस प्रतिमा को छू लेने भर से सभी इच्छाएँ पूरी होती हैं। और प्राग उसे फिर अपने पास बुलाता है। मैं दोबारा प्राग आना चाहता हूँ, इसलिए मैं भी उस मूर्ति के चमकदार हिस्से को छू लेता हूँ।

कहते हैं सन् 1905 तक इस पुल पर घोड़ा गाड़ी चलती थी। फिर जल्द ही इस पर ट्रामें और बसें भी चलने लगीं। लेकिन भारी ट्रैफिक से ब्रिज लगातार कमजोर होता गया। तो दूसरे विश्वयुद्ध के बाद इस पर वाहनों की आवाजाही पर पूरी तरह से रोक लगा दी गई। अब ये ब्रिज केवल दुनिया भर के सैलानियों के हवाले है।

इस ब्रिज की एक ख़ास बात ये भी है कि ये पुल ग़रीब कलाकारों और शहर के प्रतीक चिन्ह बेचने वालों से लेकर भिखारियों तक को रोजगार देता है। प्राग की सड़कों पर आमतौर पर भिखारी नहीं मिलेंगे। लेकिन कहीं-कहीं आपको उकड़ूँ बैठे लोग दिख जाएँगे जिनके दोनों हाथ जमीन पर एक कैप लिये होंगे। आप उनकी और वे आपकी आँखों में नहीं देख सकते क्योंकि उनका सिर जमीन में नीचे झुका होता है। सामने कैप होती है जिसमें आप चेक क्राउन या चेक क्रोना के सिक्के डालकर आगे बढ़ सकते हैं। मुझे लगता है कि उनकी आँख शर्म में बन्द रहती होंगी क्योंकि वह भिखारी कम और ज़रूरतमन्द ज़्यादा लगते हैं। ब्रिज पर कहीं से वायलन की दर्दभरी धुन सुनाई देती है। सामने शान्त-सी खड़ी दो लड़कियाँ आँखें बन्द कर वायलन बजा रही हैं। उनके सामने वायलन का खाली डिब्बा, खुला रखा है, जिसमें लोग सिक्के और चेक क्रोना डाल रहे हैं। इसे इन स्ट्रीट कलाकारों का मेहनताना कहिए या इनाम। इसे भीख माँगना तो कतई नहीं कहा जा सकता। प्राग में आपको सड़क के किनारे ऐसे कई कलाकार मिल जाएँगे। कोई ओपरा सिंगर कहीं अकेली सीढ़ियों पर बैठी ओपरा गा रही होगी। कोई चित्रकार सड़क के किनारे ही तुरन्त आपका प्रोर्ट्रेट बनाकर आपको देने के लिए उत्सुक होगा।

वक़्त की यात्रा में चार्ल्स ब्रिज कई बार टूटा कई बार फिर बना। बगैर चार्ल्स ब्रिज म्यूजियम देखे चार्ल्स ब्रिज अधूरा है। इस म्यूजियम में इस ब्रिज का पूरा इतिहास दर्ज है। वह भी तस्वीरों के साथ। जहाँ मूल तस्वीरें नहीं वहाँ रेखा चित्रों की मदद से ब्रिज की परिकल्पना को दिखाया गया है। इस म्यूजियम में आपको तस्वीरों में पुराने शहर की मध्यकालीन झलक भी देखने को मिल जाएगी। वक़्त के साथ ये ब्रिज और शहर कैसे बदलता चला गया। म्यूजियम की ये इमारत ब्रिज के किनारे ही है।

मैं ओल्ड साइड टावर की तरफ से इस ब्रिज पर दाख़िल हुआ था और अब लेसर टाउन की तरफ आगे बढ़ रहा हूँ। पुल के ख़त्म होते ही एक गली नुमा सड़क शुरू हो जाती है जिसके दोनों तरफ दुकाने हैं। इन दुकानों में आपको चेक संस्कृति और परम्परा की झलक दिखेगी। उसके खान-पान और उसकी जीवन शैली से जुड़ी तमाम चीज़ें आपको यहाँ मिल जाएँगी। मसलन ब्रिज ख़त्म होते ही आपको एक छोटी सी दुकान पर 'trdlo' बनते दिखेंगे। प्राग के लोग इसका स्लोवाक उच्चारण 'तरदुआ' करते हैं। ये स्लोविक व्यंजन है। 'तरदुआ'

देखने और खाने, दोनों में लाजवाब है। आसान शब्दों में इसे आप कोन वाली पेस्ट्री कह सकते हैं। इसका कोन शक्कर और अखरोट के क्रिस्पी पाउडर से बनता है। ये कोन आइसक्रीम के कोन से कुछ मोटे होते हैं। क्रीम रोल जैसे। इसे लाल सलाख़ों में एकदम गर्म-गर्म सिंकते हुए आप अपने सामने देख सकते हैं। आपका ऑर्डर होते ही वे इसमें ठंडी चॉकलेट और ढेर सारी वनीला, मैंगो या आपकी मनपसन्द कोई और क्रीम साथ में ड्राई फ्रूट और रेड चेरी से सजाकर आपके सामने हाजिर कर देंगे। प्राग में कहीं-कहीं इसमें आइसक्रीम भी भर के बेची जाती है। ये वाकई लाजवाब है। चार्ल्स ब्रिज की सैर के बाद 'तरदुआ' का लुत्फ़। दूर ब्रिज से मुझे लड़कियों के वायलन की आवाज़ सुनाई दे रही है। इनकी वायलन की धुन में ढेर सारा दर्द छुपा है। वॉलदावा नदी की लहरों के साथ वायलन का ये संगीत पूरे वातावरण को और उदास बना रहा है। सोच रहा हूँ दो गर्मागर्म 'तरदुआ' और खरीद लूँ और वायलन बजाने वाली उन दोनों लड़कियों को भेंट करूँ। ...शायद लड़कियों की उदासी थोड़ी कम हो जाए। हाँ, ये ठीक रहेगा। रुकिए मैं अभी आया।

लाल खपरैल की छतें और दीवार पर लटकती कार

कल रात काफी देर से लौटा और एक अजीब-सी मुश्किल में फँस गया। अपने अपार्टमेंट में दाख़िल होने का कोड भूल गया। कोड भूल क्या गया, उसे मैंने याद ही नहीं किया था। मेरे मेजबान एडम ने बताया और मैंने तभी उसे मोबाइल फोन की नोटबुक में दर्ज कर लिया था। इस नोटबुक में प्राग की हर छोटी से छोटी सूचनाएँ दर्ज करता रहता हूँ। नोट्स लेता हूँ। जगहों का ब्योरा, यूरोपीय मित्रों के नाम, ट्रेन या ट्राम नम्बर यानी हर सूचना जो ज़रूरी है। मजा देखिए मेरे फोन की बैटरी ख़त्म हो गई है और फोन स्वीच ऑफ़। रात के कोई डेढ़ बजे हैं। मैं अपार्टमेंट के सामने खड़ा हूँ। अपार्टमेंट के दरवाज़े पर एक न्यूमेरिकल-लॉक है, चार अंकों का, दर्ज कीजिए और अपार्टमेंट का दरवाज़ा खुल जाएगा। लेकिन वह चार अंक क्या हैं? मैंने कई अंक ट्राई कर चुका हूँ, जो मोबाइल पर दर्ज करते समय याद थे। लेकिन सब बेकार। अब कुछ याद नहीं आ रहा है। एडम का फोन नम्बर भी इसी मोबाइल में दर्ज था और बन्द मोबाइल का काला स्क्रीन मुझे मुँह चिढ़ा रहा है। दिमाग़ तेजी से सोच

रहा है कि अब रात कहाँ गुजारूँ? मेट्रो स्टेशन पर या अपार्टमेंट के करीब पुराने गिरजाघर में। तभी एक साहब आए और उस पाँच मंजिला अपार्टमेंट का कोड दर्ज करने लगे। दरवाज़ा खुल गया और उनके साथ मैं भी भीतर हो गया। सच पूछिए तो वह आदमी मुझे किसी ईसा मसीह से कम नहीं लग रहा था। उन्हें धन्यवाद कहते हुए सीढ़ियों से अपनी चौथी मंजिल पर पहुँचा और जेब से चाबी निकालकर अपने घर का दरवाज़ा खोला, बिना कपड़े बदले, अपने बिस्तर पर कटे पेड़ की तरह ढह गया। दिन भर का थका था। दिमाग़ में ओल्ड टाउन स्क्वॉयर के रेस्त्राँ, चर्च, गलियाँ घूमती रहीं और न जाने कब नींद की आग़ोश में डूब गया।

सुबह नींद चिड़ियों की आवाज़ ने खोली। मेरे कमरे की बड़ी सी खिड़की से नीचे एक हरा भरा पार्क-सा दिखता है। पार्क क्या है कोई खाली प्लॉट है जिसमें पेड़ों के झुरमुट हैं। जिनमें फ्रैक्सिनस ओरनस के पेड़ और गुलाब जैसे कई सुगन्धित पौधे हैं, जिनकी ख़ुशबू रात भर मेरे कमरे को ख़ुशनुमा बनाती रही। फ्रैक्सिनस ओरनस के पेड़ लम्बे होते हैं जिनमें सफेद रंग के खूब सारे फूल खिलते हैं। पिछले दो दिन से सुबह की चाय इसी खिड़की पर खड़े होकर पी रहा हूँ। चाय की प्याली, खिड़की पर लकड़ी के चौड़े से फ्रेम पर रखता हूँ। न जाने क्यों ठंडी ताजा हवा, बाहर हरियाली और दूर-दूर तक पसरी लाल खपरैल की ऊँची छतें, मुझे रुक-रुक कर शिमला की याद दिला रही हैं। मैं समझ सकता हूँ कि अंग्रेज़ों को शिमला से इतना प्यार क्यों था? क्यों उन्होंने कलकत्ता की गर्मियों से आजिज़ आकर आखिर हज़ारों मील दूर शिमला अपनी गर्मियों की राजधानी बना ली। ऐसा इसलिए कि शिमला का मौसम उन्हें यूरोप की याद दिलाता था। अब यहाँ आया हूँ तो सोचता हूँ शिमला, भारत का प्राग है। जैसे काफी हद तक प्राग, यूरोप का शिमला। कम-से-कम खपरैल की लाल छतों की ऐसी समानता किसी अन्य यूरोपीय देश में नहीं मिलती।

हर शहर की अपनी ख़ुशबू होती है। प्राग की भी है। एक बेहोश गन्ध, खासकर, बारिश के बाद पूरे माहौल को एक अजीब सी महक घेर लेती है। यहाँ दूर-दूर तक समुद्र नहीं जो अपनी नमकीन हवा से शहर की ख़ुशबू को प्रभावित कर सके। हवा में ऐसी ख़ुशबू मुझे पेरिस में कहीं नहीं मिली। वह एक व्यस्त और भीड़भाड़ वाले शहर में तब्दील होता जा रहा है। वहाँ की हवा में इनसानी पसीने के साथ सड़क पर दौड़ती बसों, टैक्सियों और दूसरे वाहनों के धुएँ की

दुर्गन्ध है लेकिन प्राग अभी इससे बचा है। हर मोड़ पर यहाँ आपको हरियाली मिलेगी। हर बस स्टॉप एक घने ख़ुशबूदार पेड़ की छाया में होगा। जिनकी सूखी पत्तियाँ आपके जूतों के तले पर आकर चिपक जाएँगी। वे तब तक निकलेंगी नहीं जब तक आप हाथ से उन्हें बहुत प्यार से हटाएँगे नहीं। कल रात में अपने अपार्टमेंट की तरफ लौटते हुए भी चर्च के पास मैंने हवाओं में ऐसी ही ख़ुशबू महसूस की थी। तब हवाओं में गुलाब की महक थी। प्राग की एक पहचान गुलाब भी है जिसका पौधा आपको हर दूसरे घर में ज़रूर मिल जाएगा। बाद में मुझे मालूम चला कि इंग्लैंड की तरह चेक और स्लाविया इन दोनों गणराज्यों का राष्ट्रीय फूल गुलाब है।

चाय की चुस्की के संग मैं मोबाइल की नोटबुक खोलता हूँ तो उसमें लिखा है आज का दिन 'प्राग कैसल' के नाम है। प्राग कैसल यानी प्राग का महल। आमतौर पर मेरी दिलचस्पी यूरोपीय या भारतीय महलों में कभी नहीं रही लेकिन लोग कहते हैं कि अगर आपने 'प्राग कैसल' नहीं देखा तो आपकी प्राग यात्रा अधूरी मानी जाएगी। 'प्राग कैसल' शहर के दूसरे हिस्से में है। वॉलदावा नदी के उस पार। पब्लिक कन्वेंस से शहर का कोई हिस्सा पन्द्रह से बीस मिनट से ज़्यादा दूर नहीं। चेक लोकल कन्वेंस के एप IDOS पर देखा तो मुझे पता चला कि सात नम्बर की ट्राम सीधे द कैसल जाएगी।

प्राग में घूमने के लिए तीन पब्लिक कन्वेंस हैं। ट्राम, बस और सब-वे यानी मेट्रो। मेट्रो तेज है लेकिन जमीन के नीचे चलती है। उससे आपको शहर नहीं दिखता। शहर में ट्राम से घूमने का अलग मजा है। उसकी बड़ी-सी काँच की खिड़की से प्राग और भी ख़ूबसूरत दिखता है। कहीं दूर जाना जल्दी पहुँचना हो तो आप अपनी यात्रा बाँट सकते हैं। आधी दूर मेट्रो से जाएँ और बाकी दूरी ट्राम से तय कर लें। मैंने प्राग घूमने के लिए तीन दिन का प्राग सिटी पास खरीद लिया है। ये सस्ता पड़ता। आप कहीं भी, कभी भी इस टिकट से शहर में आसानी से घूम सकते हैं। इसमें आपको मोबाइल फोन एप IDOS बहुत मदद करेगा। ये एप ग़ज़ब का है जो आपको बस, ट्राम और मेट्रो तीनों का टाइम टेबिल बताता है। ये आपकी लोकेशन दिखाएगा फिर जहाँ जाना हो उस स्टॉप का नाम टाइप कीजिए। एप बता देगा कि जहाँ आप खड़े हैं वहाँ से आपको कौन सा साधन फौरन मिल जाएगा। किसी बस, ट्राम या मेट्रो को अगर किसी स्टॉप पर 4:42 बजे आना है तो ठीक उसी समय वह आपके सामने

होगा। स्टॉप पर लगा इलेक्ट्रॉनिक नोटिस बोर्ड बता देगा कि कौन-सी नम्बर की ट्राम कितने बजे इस स्टॉप पर रुकेगी। और 'प्राग कैसल' जाने वाली ट्राम नम्बर सात ठीक तय वक़्त पर मेरे सामने खड़ी थी। मैंने ट्राम में बैठकर जेब से प्राग का मैप निकाल लिया। ये मैप बता रहा था कि मुझे किस तरफ जाना है। और मोबाइल एप ये बता रहा था कि कौन-कौन से ट्राम स्टॉप के बाद मुझे किस स्टॉप पर उतरना है। गलती से या कहें भ्रम में मैं एक स्टॉप पहले उतर गया। मुझे आस-पास कहीं कोई महल नहीं दिखा। स्टॉप के सामने एक संग्रहालयनुमा पुराने बँगले पर एक दिलचस्प नज़ारा ज़रूर दिखा। नज़ारा ये था कि उस बँगले की चहारदीवारी पर सफेद रंग की एक पुरानी कार आधी लटकी हुई थी। गेट के पास चहारदीवारी टूटी हुई थी। जिस पर शहर में होने वाली किसी फोटोग्राफ प्रदर्शनी का पोस्टर चस्पा था। मैंने समझना चाहा कि आखिर ये माजरा है क्या? लेकिन उस बँगले का दरवाज़ा बन्द था। मैंने स्टॉप पर एक स्थानीय से पूछा कि "प्राग कैसल यहीं कहीं आस-पास है शायद?" जवाब मिला—"हाँ बिल्कुल लेकिन आप एक स्टॉप पहले उतर गए हैं। आप इसी सड़क पर करीब डेढ़ किलोमीटर आगे बढ़िए, दाईं तरफ आपको महल का मुख्यद्वार मिल जाएगा।" अब और पैदल चलने की न इच्छा थी, न मुझमें हिम्मत। मैंने अगली ट्राम का इन्तज़ार करना बेहतर समझा, जो मुझे अगले स्टॉप पर उतार देगी। पैदल चलने से तौबा करने की बात सुनकर वह प्रागवासी मुस्कुराया। मैंने भी मुस्कुरा के उसका साथ दिया। क्योंकि मैं जानता था कि अगली ट्राम अगले पाँच मिनट में इस स्टॉप पर होगी। और मैं सही था। अगली ट्राम बस तीन मिनट में ही मेरे सामने थी। मैंने चहारदीवारी पर अटकी उस पुरानी कार को फिर देखा। और सोचने लगा कि इसके पीछे भी कोई दिलचस्प कहानी होगी। काश ये कहानी मैं खोज पाता।

प्राग के महल की अजीबोगरीब दास्तान

पन्द्रह मिनट में मैं 'प्राग कैसल' के सामने हूँ। मेरे सामने महल का एक विशाल प्रांगण है। 'प्राग कैसल' में कई महल बन गए। मोटे तौर पर महल प्राचीन, मध्यकालीन और आधुनिक युग में बाँटा जाता है। पहला महल 9वीं सदी में बना था। बाद के सम्राटों ने और महल व रॉयल पैलेस बनवाए। ख़ास तौर से

चौथे चार्ल्स ने जिसने चार्ल्स ब्रिज की नींव रखी थी। 1541 में एक बड़ी आग ने महल के बड़े हिस्से को बर्बाद कर दिया। इसके बाद पुनर्जागरण शैली में कुछ नई इमारतों को जोड़ा गया था।

आपको इस शानदार और भव्य महल की बारीकियाँ मैं नहीं बताऊँगा। विलासिता कहाँ से शुरू होती है और कहाँ खत्म, यह इस महल को देखकर आप आसानी से अन्दाज़ा लगा सकते हैं। अद्वितीय मूर्तियाँ, छतों से लटके मोतियों के झाड़फ़ानूस, महँगी पेंटिंग्स, फ़व्वारे, सिंहासन, बेशकीमती फर्नीचर, नायाब कलाकृतियाँ, रेशमी परदे, मखमली कालीनें, सब यूरोपीय रजवाड़ों की दिव्यता और भव्यता उजागर करते हैं। 1919 के प्रथम विश्व युद्ध के बाद ये महल चेकोस्लोवाकिया की सरकार का हेडक्वार्टर बन गया। यहाँ आज भी चेक राष्ट्रपति का निवास है। यह महल नौवीं सदी से लेकर 21वीं सदी तक न जाने कितने सम्राटों, शासकों और हुक्मरानों के शासन का गवाह रहा। प्राग कैसल के बारे में एक दिलचस्प किंवदंती यह है कि कोई अपात्र या अयोग्य शख़्स, जो इस ताज का कानूनी या परम्परागत उत्तराधिकारी नहीं, अगर अपने सिर पर ताज रखता है तो उसकी न केवल एक साल के भीतर मृत्यु हो जाती है बल्कि उसका परिवार तबाह हो जाता है। प्राग की जनता ने इस किंवदंती को कई बार सच होते देखा।

इस शानदार महल का सबसे काला अध्याय दूसरे विश्वयुद्ध के दौरान शुरू होता है। 1939 में जब हिटलर ने चेक के राष्ट्रपति, एमिल हचा को जर्मनों को सौंपने के लिए मजबूर कर दिया। महल पर नाजी कब्जा हो गया। रातोंरात महल की दीवारों पर छत से नीचे तक लम्बे-लम्बे लाल झंडे लटक गए जिस पर स्वस्तिक के निशान बने थे। कहते हैं तब एडोल्फ हिटलर ने प्राग कैसल में एक रात बिताई थी और अगली सुबह उसने प्राग और इस कैसल को अपने प्रिय निर्दयी फौजी अफ़सर रेइनहार्ड हैड्रिक के हवाले कर दिया। रेइनहार्ड की कहानी बेहद दिलचस्प और ड्रामे से भरपूर है और ये सारी दुनिया में मशहूर है। कहते हैं रेइनहार्ड, नाजी युग में यूरोप के यहूदियों के लिए जल्लाद था। हिटलर से पहले वह जर्मन नेवी में था, जहाँ एक फौजी अफ़सर की बेटी से दुराचार के इल्ज़ाम में सेना से निकाला गया। तब उसने हिटलर की नाजी पार्टी ज्वाइन की। जल्द वह एसएस विंग से हिटलर की इंटेलिजेंस विंग में शामिल हो गया और उसने हिटलर विरोधी कम्युनिस्टों को बेरहमी से कुचल दिया। हिटलर के सत्तासीन

होने के बाद उसने एक-एक करके पार्टी के संस्थापक सदस्यों को भी मौत के घाट उतार दिया, जो हिटलर को कभी भी चुनौती दे सकते थे। तानाशाह बनने में उसने हिटलर की बहुत मदद की। बहुत जल्द वह हिटलर के इनर सर्किल में शामिल होकर उस बेदर्द तानाशाह की आँख का तारा बन गया। ख़ुद हिटलर रेइनहार्ड के बारे में कहा करता था, 'ही इज ए मैन ऑफ आयरन हार्ट' यानी वो 'लोहे के दिल वाला इनसान' है। रेइनहार्ड मूलत: एक संगीतकार और ओपरा गायक का बेटा था, कभी-कभी ख़ुद भी वायलन बजाता था, लेकिन इसका दिमाग़ किसी बनैले जानवर की तरह हिंसक और क्रूर था। यूरोप में यहूदियों की सामूहिक हत्याओं के पीछे उसी का दिमाग़ था। उसने यूरोप के हर देश में रहने वाले यहूदियों की आबादी की गिनती कराई थी और हिसाब लगाया कि इनका समूल नाश तभी सम्भव है जब इन्हें सामूहिक रूप से मौत के घाट उतारा जाए। इसमें वक़्त और संसाधन कम लगेगा। गैस चैम्बर के जरिये यहूदियों के सामूहिक कत्लेआम का आइडिया भी इसी का था।

हिटलर ने उसे चेकोस्लाविया भेजा, जहाँ उसने प्राग की सड़कों को यहूदियों के कत्लोगारत का एक न भूलने वाला सिलसिला शुरू कर दिया। इतिहास में उसे 'बूचर ऑफ प्राग' यानी 'प्राग का कसाई' कहा जाता है। तब रेइनहार्ड की हत्या की साज़िश चेकोस्लोवाकिया के दो नौजवान सैनिकों, जोज़ेफ़ गैबिक और जन कुबिज़ ने रची, जिन्हें ब्रिटिश आर्मी ने ट्रेनिंग दी थी। क्रान्तिकारियों की एक पूरी टीम इस योजना पर काम कर रही थी। इसे 'ऑपरेशन एन्थ्रोप्राइड' का नाम दिया गया। ये विश्व प्रसिद्ध ऑपरेशन है जिस पर हॉलीवुड में कई बेहतरीन फिल्में भी बन चुकी हैं।

27 मई, 1942 को रेइनहार्ड को बर्लिन में हिटलर से मिलना था। निरंकुश रेइनहार्ड प्राग की सड़कों पर खुली कार से घूमता था। उस दिन रेइनहार्ड अपने घर से 'प्राग कैसल' की तरफ आ रहा था। प्राग में एक जगह है लीबिया जंक्शन। ये हमले के लिए बेहतर जगह थी क्योंकि किसी भी गाड़ी चलाने वाले को यहाँ हेयरपिन मोड़ के कारण अपनी कार धीमी करनी पड़ती है। सुबह के कोई 10:30 बजे थे। गैबिक और कुबिज़, वहाँ एक ट्राम स्टॉप पर इन्तज़ार कर रहे थे। जैसे ही रेइनहार्ड की ओपन-टॉप मर्सिडीज-बेंज ने इन दोनों को पास किया, गैबिक एकदम से कार के सामने आ गया। और खुली मर्सिडीज में बैठे रेइनहार्ड पर अपनी स्टेनगन तान दी। लेकिन ट्रिगर पर अँगुली दबाते ही उसकी

स्टेनगन जाम हो गई। रेइनहार्ड ने अपने ड्राइवर को कार रोकने को कहा और अपनी रिवॉल्वर से उसने गैबिक पर फायरिंग शुरू कर दी। अपने साथी को फँसा देख, साइकिल पर वहाँ पहुँचे कुबिज़ ने रेइनहार्ड की कार पर एंटी-टैंक ग्रेनेड उछाल दिया। ये साइकिल उसने अभी-अभी किसी से छीनी थी। बम के कई छर्रे रेइनहार्ड के जिस्म में घुस गए। ख़ुद कुबिज़ भी इन छर्रों से घायल हो गया। रेइनहार्ड डगमगाते हुए कार से बाहर आया। छर्रों की अपनी चोटों से अनजान उसने फिर दोनों पर गोली चलाई। पर दोनों बच गए। तब गैबिक और कुबीज़ ने अपनी पिस्तौल के साथ रेइनहार्ड पर गोली चलाई। अचानक हुए इस विस्फोट से हैरान परेशान रेइनहार्ड ख़ुद को बचाने में नाकाम रहा। फिर भी उसने उनका थोड़ी दूर पीछा किया। कुबीज़ अपनी साइकिल से कूदकर पैदल भाग गया। रेइनहार्ड उसके पीछे दौड़ा, लेकिन अचानक वहीं ढह गया। तब तक उसके सुरक्षाकर्मी आ चुके थे।

लेकिन दोनों मौका-ए-वारदात से भाग निकले। रेइनहार्ड बुरी तरह ज़ख़्मी हो गया, उसे इलाज के लिए जर्मनी ले जाया गया। ख़ुद हिटलर के प्राइवेट डॉक्टर ने उसका इलाज किया। लेकिन कुछ दिन बाद उसकी मौत हो गई। कहते हैं, उसकी मौत पर लोगों ने पहली बार हिटलर की आँखों में नमी देखी। उसकी क़ब्र पर हिटलर ने भाषण दिया। उसे वीरता के कई अवॉर्ड और मेडल दिए। उसके नाम से एक डाक टिकट भी जारी किया। हालाँकि इस मौत के लिए हिटलर ने रेइनहार्ड को ही जिम्मेदार ठहराया था। वह उस पर नाराज़ भी हुआ था। खुली कार में ड्राइविंग करना, वह भी बिना सुरक्षाकर्मियों के उसकी नज़र में वीरता नहीं बल्कि निरी बेवकूफ़ी थी। लेकिन जो होना था वो हो चुका था। इसके बाद प्राग में हिटलर का दमन चक्र चला। चेक में यहूदियों के गाँव के गाँव जला दिए गए। इस हत्याकांड में दस हज़ार से ज़्यादा कम्युनिस्ट व यहूदी मारे गए। प्राग की जिस यहूदी बस्ती में मशहूर चेक लेखक फ्रांज काफ़्का क़े पिता की दुकान थी, उसको नाजी सेना ने पूरी तरह तबाह कर दिया था।

कहते हैं, महल में प्राग के नाजी संरक्षक, रेइनहार्ड ने जिद करके एक दिन के लिए बोहेमियन का मुकुट अपने सिर पर रख लिया था। मुझे प्राग कैसल के बारे में वह पुरानी किंवदंती याद आ गई कि कोई अयोग्य व्यक्ति, जो इस ताज का कानूनी या परम्परागत हकदार नहीं, अगर अपने सिर पर मुकुट रखता है तो वह न केवल एक साल के भीतर मर जाता है बल्कि उसका परिवार बर्बाद

हो जाता है। सत्ता सँभालने के एक साल से भी कम समय में, दो जून 1942 को, रेइनहार्ड मारा गया। और एक साल बाद उसके बड़े बेटे, क्लौस की एक सड़क हादसे में मौत हो गई। प्रागवासी ये क़िस्सा आज भी रस लेकर सुनाते हैं।

लेकिन उन दो चेक नौजवान सैनिकों का क़िस्सा अभी ख़त्म नहीं हुआ। एक 'जल्लाद' को बहादुरी से मौत के घाट उतारने वाले ये सैनिक प्राग के नायक थे। हिटलर के नाजी सैनिक उन्हें कुत्तों की तरह खोज रहे थे। प्राग में चारों तरफ छापे पड़ रहे थे। गैबिक और कुबीज़ अपने चार अन्य साथियों के संग प्राग के सेंट सिरील मेथोडियस कैथेड्रल में छिपे थे। ये कैथेड्रिल न्यू टाउन में आज भी है। मुखबिर की खबर पर जर्मन सैनिकों ने उस चर्च को घेर लिया। इन जांबाज़ों ने चर्च में भी मोर्चा खोल दिया। कोई छह घंटे तक दोनों तरफ से फायरिंग चली। इन सेनानियों ने हिटलर के 14 सैनिक मार गिराए। 21 अन्य जख़्मी हुए। ग्रेनेड से गम्भीर रूप से घायल गैबिक और उसके एक साथी ने अपनी कनपटी पर पिस्टल रखकर ख़ुद को गोली मार ली। कुबीज़ बुरी तरह जख़्मी हो गया था और अस्पताल पहुँचने के कुछ समय बाद ही उसकी मृत्यु हो गई। मेथोडियस कैथेड्रल की खिड़कियों में मुठभेड़ में चली गोलियों के निशान आज भी सुरक्षित हैं।

ये प्राग के हीरो थे। चेक और स्लाविया में गैबिक और कुबीज़ के नाम पर संग्रहालय, कई सरकारी भवन और सड़कें हैं। बाद में प्राग ने इनके सम्मान में एक स्मारक बनाया जो आज भी इनकी बहादुरी का प्रतीक चिन्ह है। इसका नाम 'ऑपरेशन एन्थ्रोप्राइड मेमोरियल' है। ये प्राग-8 में है यानी मुख्य स्टेशन से ट्राम के माध्यम से कुल आधे घंटे का सफ़र। इस स्मारक का डिजाइन लियोनार्डो द विंची की 490वीं ड्रॉइंग 'विट्रुवियन मैन' से प्रेरित है। मैंने देखा कि सड़क के किनारे एक पार्क में वह एक विशालकाय ऊँचा तिकोना स्तम्भ है, जिस पर तीन चेक सैनिक बाहर की तरफ देखते हुए अपने दोनों हाथ फैलाए खड़े हैं। स्मारक में एक चेक ध्वज का प्रतिनिधित्व करने के लिए एक पत्थर के ब्लॉक का इस्तेमाल किया गया है।

'प्राग कैसल' से मैं सीधे यहीं आया। इन शहीदों का स्मारक देखने। प्राग आने वाले ज़्यादातर सैलानियों को यह कहानी नहीं मालूम। वह चार्ल्स ब्रिज और 'प्राग कैसल' देखकर लौट जाते हैं। स्मारक देखकर मैं रोमांचित था। एक देश अपने वीरों को ऐसे याद रखता है। मैं उन शहीद सैनिकों के शान्त चेहरों

को देख रहा था। मैंने पढ़ा है रेइनहार्ड जब मरा तो उसका चेहरा विकृत हो गया था। हालाँकि वह ख़ुद एक फौजी था। मुझे लगा लोग गलत कहते हैं कि 'प्राग कैसल' देखे बिना प्राग की यात्रा अधूरी है। मुझे लगता है कि अगर आपने 'ऑपरेशन एन्थ्रोप्राइड मेमोरियल' नहीं देखा तो प्राग नहीं देखा।

स्विट्‌जरलैंड

जिनेवा

विश्व शान्ति का शहर

जिनेवा यानी शान्ति का शहर। दुनिया भर के देश आपस में झगड़ते हैं। कभी सरहद के लिए, कभी ईंधन के लिए कभी वर्चस्व, तो कभी हथियारों पर कब्जे के लिए। लेकिन अन्त में उन्हें शान्ति की तलाश में जिनेवा आना पड़ता है। ये शान्ति प्रतीकात्मक है। लाल बत्ती से फर्राटा भरती कारों के अलावा पूरे शहर में आपको कहीं कोई शोर गुल नहीं मिलेगा। पत्थरों की विशालकाय इमारतों के सामने से गुजरती चौड़ी सड़कों पर पैदल चलते लोग ख़ामोशी से मुस्कुराकर आपका स्वागत करेंगे कि आप विदेशी हैं और यहाँ शान्ति की तलाश में आए हैं।

मार्च बीतने वाला है लेकिन सर्दी यहाँ से अभी विदा नहीं हुई है। शून्य से 4 डिग्री कम तापमान में ठिठुरन बिल्कुल नहीं है। धूप इतनी मीठी और गुनगुनी है कि ठंड का अहसास केवल खुली सड़कों पर पैदल चलने पर होता है। पर इस ठंड में भी यहाँ के लोगों की गर्मजोशी हथेलियों में महसूस होती है। मेट्रो ट्रेन से एयरपोर्ट से जिनेवा शहर आने में बामुश्किल दस मिनट लगे। कार्नवीन मेट्रो स्टेशन पर उतरा तो होटल का पता करने में मुश्किल हो रही है। ज़्यादातर लोग फ्रेंच बोलते हैं। जो फ्रेंच नहीं जानते, वह जर्मन या इतालवी में बात करने लगते हैं। भाषा को लेकर उनके भीतर एक ख़ास तरह का आग्रह है। इन्हें न अंग्रेज़ी बोलना पसन्द है, न सुनना। लेकिन इससे उनकी भलमनसाहत में कोई कमी नहीं आती। मेट्रो स्टेशन पर करीब अस्सी साल की एक भद्र बुजुर्ग महिला ने दो बार इतालवी में होटल क्रिस्टल का नाम दोहराया। "होतेल क्रिस्तल"।

ओके। फिर वह पीछे आने का इशारा करते हुए आगे बढ़ गई। यकीन कीजिए करीब डेढ़ किलोमीटर चलकर किसी शॉर्टकटे रास्ते से मेट्रो स्टेशन के बाहर पहुँची। बाहर निकलते ही मैंने पाया कि मैं होटल क्रिस्टल के सामने खड़ा हूँ। मैंने पीछे पलटकर देखा तो पाया वह भद्र महिला शुक्रिया पाने का इन्तज़ार किए बिना वापस स्टेशन के भीतर जा रही थीं। शायद उन्हें कोई ट्रेन पकड़नी थी। मुझे शुक्रिया कहने के लिए वापस दौड़कर उनके सामने जाना पड़ा।

दोपहर में सड़कों पर अकेले घूमते वक़्त न जाने कब भूख लग गई। मैकडॉनल्ड से बर्गर लिया जो साढ़े छह स्विस फ्रैंक का था यानी भारतीय मुद्रा के हिसाब से करीब 300 रुपए का। यूरोप में अगर आप कुछ खरीदते समय यूरो या स्विस फ्रैंक को भारतीय मुद्रा में बदलते रहें तो यकीन मानिए आपको कई रातें बिना खाए गुजारनी पड़ेंगी। रेस्त्राँ के बाहर सड़क के किनारे पत्थर की मेज पर अपनी प्लेट रख देता हूँ और सामने सड़क पर तेजी से स्केट करते लड़कों को देखने लगता हूँ। अचानक मेरी पत्थर की मेज पर एक गौरैया आकर बैठ जाती है। एकदम निडर। मुझे लगता है कि वह खाने की मेज पर मेरा साथ देने आई है। मैं बर्गर का एक छोटा सा टुकड़ा तोड़कर उस चिड़िया की तरफ बढ़ता हूँ। वह अपने दो नन्हे कदम आगे बढ़ाती है। मैं अपना हाथ थोड़ा और आगे करता हूँ। वह मेरे हाथों से बर्गर का टुकड़ा लेकर वहीं चुपचाप खाने लगती है। स्विट्जरलैंड के पक्षियों में भी इतनी आत्मीयता देखकर मेरा दिल भर जाता है।

विरोध में टँगी एक अपाहिज कुर्सी

रात के करीब दो बजे हैं होटल क्रिस्टल के नीचे चिल्लाने की आवाज़ों से नींद खुल जाती हैं। खिड़की से नीचे झाँकता हूँ। एक आदमी और औरत झगड़ रहे हैं। आदमी कह रहा है, 'डोंट टच मी'। और उससे लिपटते हुए औरत कह रही है, 'आई विल टच यू'। बार-बार चिल्लाते हुए एक ही वाक्य—आई विल टच यू। कौतूहलवश खिड़की का पर्दा थोड़ा और हटाता हूँ। दोनों की निगाह मुझ पर पड़ती है, वे झगड़ना बन्द कर देते हैं। दोनों मुझसे चिल्लाकर फ्रेंच में कुछ कहते हैं। मैं मतलब निकालता हूँ—आप सोइए महाराज। हम ठीक हैं। यहाँ मामला प्रेम का है, झगड़े का नहीं।

अगले दिन सुबह 'नेशनस' चला आया। 'नेशनस' यानी जिनेवा में यूएन का बस स्टॉप। चारों तरफ संयुक्त राष्ट्र के कई दफ़्तरों के बीच एक हरे मैदान में एक विशालकाय कुर्सी पर नज़र अटक गई। यहाँ सब इसे 'द ब्रोकन चेयर' के नाम से जानते हैं। स्विस कलाकार डेनियल बरसेट की इस कृति को देखने लोग दूर-दूर से आते हैं। टीक की लकड़ी से बनी यह 12 मीटर ऊँची कुर्सी जैसे हवा में लटकी हैं। इसका एक पाया कटा हुआ है। तीन पाए की कुर्सी उन मजदूरों की याद में बनी है जो खानों में बारूद बिछाते वक़्त अपनी जान गँवा बैठे या अपाहिज हो गए। कुर्सी की कहानी भी खासी दिलचस्प है। अंगोला, कम्बोडिया और तमाम अफ्रीकी देशों में हर साल बारूदी सुरंगों से लाखों लोग मर जाते हैं या अपाहिज हो जाते हैं। यह कुर्सी इन खान मजदूरों की आवाज़ बनकर संयुक्त राष्ट्र के मुख्यालय के सामने टँगी है। डेनियल कहते हैं, यह कुर्सी मैं पत्थर की भी बना सकता था पर जानता हूँ इनसान पत्थर नहीं हो सकता। यूएन प्रशासन ने तीन साल पहले ये कुर्सी अपने मुख्यालय के सामने लगाने की इजाज़त दी थी। सोचा गया था कि संयुक्त राष्ट्र आने वाले राष्ट्राध्यक्षों को इस कुर्सी के बहाने अपंग मजदूरों की याद आएगी। शुरू में यह अपाहिज कुर्सी केवल तीन माह के लिए लगी थी पर यह हटाई नहीं गई। 'माइन बैन ट्रीटी' पर दुनिया के केवल 122 मुल्कों ने दस्तख़त किए। हवा में लटकी इस कुर्सी को अभी कुछ और दस्तख़तों का इन्तज़ार है।

संयुक्त राष्ट्र संघ के दफ़्तर के ठीक सामने खाली पड़ी यह जगह अब दुनिया भर के नाराज़ लोगों के प्रदर्शन का केन्द्र बन गई है। लेकिन ये प्रदर्शन भी किसी पिकनिक से कम नहीं होता। कम्बोडिया से आए कुछ स्त्री-पुरुष और बच्चे यहाँ विरोध के लिए जमा हैं। सारी रात हवा में अटकी यह कुर्सी दिमाग़ में घूमती रही। सुबह के चार बजे हैं। होटल के नीचे तेज शोर से आँखें खुल जाती हैं। खिड़की से झाँकता हूँ तो नीचे एक गाड़ी मशीन से सड़क साफ कर रही है। एक आदमी पॉलीथिन बैग में जमा कचरा उठाकर गाड़ी के पीछे डाल रहा है। उसके कन्धे के नीचे एक बैसाखी है। उसका एक पाँव कटा है। शायद बारूद के विस्फोट से गँवा दिया हो। उसकी नज़र ऊपर खिड़की पर पड़ती है, वह हाथ हिलाकर कहता है—'बुनजोरनो।' मैं अन्दाज लगता हूँ इसका मतलब 'गुड मॉर्निंग' होगा। मैं सही निकला। मेरे एक स्विस दोस्त गुर्जियो ने बताया कि यह इतालवी शब्द है जिसका अर्थ है 'गुड मॉर्निंग'।

नीली झील के किनारे एक शाम

रात में पहाड़ों पर बर्फ पड़ी थी और थोड़ी-बहुत नीचे भी। पहाड़ जिनेवा शहर से बस थोड़ी दूरी पर हैं। उनकी बर्फ से ढ़ँकी सफेद चादरें साफ दिखती हैं। हवा में ठंडक बढ़ गई है। बर्फ के कुछ फाहे अभी तक पेड़ों की टहनियों पर अटकी हैं। उन कृत्रिम घोसलों पर भी बर्फ जमी है जो स्विट्जरलैंड के लोगों ने अपने पक्षियों के रहने के लिए शाखाओं पर बनाए हैं। चिड़ियों के ये कृत्रिम घरौंदे बहुत सुन्दर हैं। आज संडे है तो कॉन्फ्रेंस नहीं थी। सुबह होटल के कमरे से तैयार होकर निकला तो पूरे शहर में हैरतअंगेज ढंग से सन्नाटा पसरा था। इस सन्नाटे की वजह पूछने पर पता चला संडे को पूरा स्विट्जरलैंड बन्द रहता है। रेस्त्राँ को छोड़कर कोई दुकान नहीं खुलती, यानी सब इस सार्वजनिक छुट्टी का मजा लेते हैं।

दिन में घूमने के लिए आज हमने 'लेक दा जिनेवा' को चुना। हम जिनेवा शहर के मध्य के पश्चिम छोर से जिनेवा झील में दाख़िल होते हैं। सिटी बस आपको यहाँ तक पहुँचा देगी। पूरा जिनेवा शहर इस नीली ख़ूबसूरत झील के किनारे बसा है। आल्पस के उत्तर में जिनेवा झील स्विट्जरलैंड और फ्रांस की सरहद तक फैली है। इस लेक जिनेवा को, फ्रेंच में 'लैम लेमन' या 'लैक डे जिनेवे' के नाम से जाना जाता है। जर्मन में इसे 'जेनरफी या जेनर सी' कहा जाता है। 72 मीटर की ऊँचाई पर स्थित झील जिनेवा तकरीबन 580 वर्ग किलोमीटर तक फैली है। यानी ये अपने आप में एक छोटा समुद्र है। झील के क्षेत्र का विस्तार लगभग 345 वर्ग किलोमीटर स्विस के हिस्से में है और बाकी 235 वर्ग किलोमीटर फ्रांस के हिस्से में। ये यूरोप की सबसे बड़ी अल्पाइन झील है। जिनेवा झील के किनारे पर सबसे बड़ा शहर जिनेवा है। यह स्विट्जरलैंड में दूसरा सबसे अधिक आबादी वाला शहर है और स्विट्जरलैंड के फ्रांसीसी भाषी रोमेंडी हिस्से का सबसे अधिक आबादी वाला शहर है।

इस झील का पानी स्विट्जरलैंड की प्रसिद्ध रौन नदी से आया है जो ऊपर बर्फीले पहाड़ों से पिघल कर इस नदी में जमा होता है। इसका पानी असामान्य रूप से नीला और पारदर्शी है जिसमें अगर आप जरा भी संवेदनशील हैं तो आपकी आत्मा की गहराई आसानी से दिख जाती है हालाँकि पानी के नीचे दृश्यता शून्य के आस-पास है। यही वजह है कि इस झील में '60 के दशक से तैरना प्रतिबन्धित कर दिया गया था। इसका कारण गहन पर्यावरण प्रदूषण था

जिसने यहाँ की लगभग सभी मछलियों को मिटा दिया था। लेकिन अब प्रदूषण के स्तर में नाटकीय कमी का दावा किया जाता है और इस झील को एक बार फिर से तैरने के लिए सुरक्षित मान लिया गया है।

हैरत की बात है कि 18वीं शताब्दी से ही ये झील अपनी सुन्दरता के लिए सारी दुनिया में मशहूर है। न जाने कितनी प्रसिद्ध हस्तियाँ यहाँ छुट्टियाँ बिताने आ चुकी हैं। कहते हैं कि इंग्लैंड के मशहूर अभिनेता चार्ली चैपलिन ने अपनी मौत के लिए इस झील का किनारा चुना। ज़िन्दगी के अन्तिम साल चार्ली चैपलिन ने यहीं बिताए थे और जिनेवा झील के उत्तरी किनारे पर वीवे शहर में इस महान कलाकार का निधन हो गया।

शहर में आकर ये विश्व प्रसिद्ध झील बड़ी नज़ाकत से नदी में तब्दील हो जाती है। इस नदी के दोनों तरफ 18वीं सदी की बनी ख़ूबसूरत और विशालकाय इमारतें हैं। हर इमारत यूरोपीय वास्तुशिल्प का एक अद्भुत नमूना है। इमारतों को सँभालने की कला अगर सीखनी है तो यूरोपीयन लोगों से सीखिए। इतनी पुरानी इमारतें वैसी ही मजबूत और दीवारें चमकदार हैं। हर चीज़ एक सलीके से है। भवनों और इमारतों की ऊँचाई भी। पाकिस्तानी दोस्त डॉ. असलम फुआद साथ हैं। कराची में डब्ल्यूएचओ के लिए काम करते हैं। इसी कन्वेंशन में आए हैं। दिल्ली के एक और दिलक़श, विनम्र और भद्र दोस्त प्रणय लाल भी साथ में हैं जो अक्सर काम के सिलसिले में जिनेवा आते-जाते रहते हैं। इसलिए वे हमारे गाइड भी बन गए हैं। वे भी यूनियन से जुड़े हैं। करीब 50 किलोमीटर लम्बी इस झील का कहीं छोर नहीं दिखता। किनारे पक्की सड़क बनी है। झील के समानान्तर एक अन्तहीन पार्क। झील के किनारे बसे इस पार्क में सब कुछ है। पुरानी ख़ूबसूरत इमारतें, म्यूजियम, मूर्तियाँ, स्क्लपचर सब कुछ। झील के किनारे एक स्विस महिला की पत्थर की मूर्ति है जो घुटने के बल बैठकर पीछे जिनेवा शहर की ऊँची इमारतों की तरफ देख रही है। उस निर्वस्त्र मूर्ति में जरा भी अश्लीलता नहीं दिखती। कोलम्बिया की दो लड़कियाँ मूर्ति के साथ अपनी तस्वीरें खिंचवाना चाहती हैं। वह कैमरा आगे बढ़ाते हुए फोटो खींचने का आग्रह करती हैं। उनके कैमरे से उनकी फोटो खींचता हूँ। उनमें से एक कहती है—आर यू इंडियन? मेरे 'हाँ' कहने का इन्तज़ार किए बिना वह कहती हैं—'नमस्ते'। फिर खिलखिलाकर हँसने लगती हैं। गैलेडिया बताती है कि वह हिन्दी फिल्मों की शौक़ीन है। शाहरुख खान उसे बहुत पसन्द है। कोलम्बिया में हिन्दुस्तानी

संगीत बहुत पसन्द है, खासकर गानों की धुनें। हम आगे बढ़ते हैं। एक स्विज दम्पती अपने नन्हे बच्चों के साथ झील के किनारे बैठे हैं। दूध से सफेद तीन बच्चे। रंग-बिरंगे गर्म कपड़ों में तीनों बच्चों की उम्र एक-सी है। शायद दो साल के रहे होंगे।

दम्पती की इज़ाजत लेकर हम इन बच्चों की तस्वीरें लेने लगते हैं। उन्हें बताता हूँ कि मैं भारत से हूँ और डॉ. असलम पाकिस्तान से। अपने बच्चों के साथ खेलती वह युवती हैरत भरे स्वर में पूछती है—'यू बोथ ऑर टुगैदर।' यानी आप दोनों एक साथ! हम बताते हैं कि यही सच है। दूरियाँ दो मुल्कों में है, दिलों में नहीं। उन्हें यह सुनकर अच्छा लगता है। पर उन्हें अभी तक यकीन नहीं कि असलम पाकिस्तानी हैं। शाम ढलने लगी है। सेहत के लिए फ़िक्रमन्द कई लड़कियाँ उस शान्त पार्क में दौड़ रही हैं। एक-दूसरे में गुम प्रेमी जोड़े बेंचों पर बैठे हैं। ठंड में वह थोड़ा और सिमट गए हैं। हमें शहर लौटना है। वापसी के लिए सिटी बस पकड़नी है। एक खम्भे पर लगी हरे रंग की तख्ती पर बस स्टॉप लिखा है। उसी पर एक टाइम टेबिल भी लगा है। इस स्टॉप पर अगली बस का वक़्त शाम 6.24 मिनट है। मैं घड़ी देखता हूँ जिस पर मैंने स्विस टाइम सेट किया है। घड़ी ठीक 6.24 बता रही है और तभी सिटी बस स्टॉप पर आकर रुक जाती है। हम दंग हैं। एकदम सही टाइमिंग। क्या महज इत्तेफ़ाक है! एक स्थानीय मित्र बताते हैं कि नहीं...शहर की हर रेड लाइट पर सेंसर लगे हैं। इसलिए रेड लाइट बस का साथ देती है। ठीक वक़्त पर बस अपने नियत स्टॉप पर आकर ब्रेक लगाती है। हम बस में बैठ गए हैं। दूर से देखता हूँ दुकानों की शो विंडो रोशनी से जगमगाने लगी हैं। महँगी स्विस घड़ियाँ शो केस में सजी हैं। एक शो रूम में ऐश्वर्य राय बच्चन का एक आदमकद पोस्टर किसी स्विस घड़ी का प्रचार करता दिख रहा है। दुकानों के दरवाज़े तक शीशे के हैं। अन्दर की तेज चमकदार रोशनी से लगता है कि हर दुकान खुली है। पर ऐसा नहीं है। दुकानों के अन्दर यह रोशनियाँ हमेशा जलती रहती हैं। चाहे दुकान खुली हो या बन्द। यानी विंडो शॉपिंग के लिए चौबीस घंटें का आमंत्रण। अब हम सड़क पर तेजी से झील को पीछे छोड़ते जा रहे हैं। दूर घुटने के बल बैठी महिला की मूर्ति उदास निगाहों से हमें अब तक देख रही है। मानो कह रही है अलविदा जिनेवा लेक फिर मिलेंगे कभी इस झील के किनारे।

—

जिनेवा के रेस्त्राँ में बम्बई की बिरयानी

सुबह सोकर उठा तो मौसम साफ़ था। चमकदार धूप। रात में आस-पास बर्फबारी हुई थी इसलिए हवा में गहरी ठंडक है। लेकिन इस ठंडक में वह गलन और तीखापन नहीं जैसा हिन्दुस्तान की सर्दियों में दिखता है। मार्च में एक इनर, कमीज और कोट पहन लीजिए काम चल जाएगा। दस्तानों की ज़रूरत नहीं पड़ती।

कल रात भी हवा में ऐसी ही ठंडक थी। सोचा, आज होटल में नहीं बाहर डिनर लिया जाए। यूरोपीय खाना भी अजब है। ब्रेकफास्ट, लंच और डिनर में तकरीबन एक-सी चीज़ें होती हैं। ब्रेड, बटर और उबले हुए बिना मसाले के तमाम तरह के गोश्त के व्यंजन। हिन्दुस्तानी रेस्त्राँ खोजते-खोजते हम पैदल बहुत दूर निकल आए थे। पूछने पर मालूम हुआ कि यहाँ एक सबसे अच्छा हिन्दुस्तानी रेस्टोरेंट है—रेस्टोरेंट बम्बई। और थोड़ी पूछताछ के बाद अब हम इस रेस्टोरेंट के सामने खड़े थे। हमने राहत की साँस ली। टहलते-टहलते भूख भी बढ़ गई थी। इससे ज़्यादा ख़ुशी इस बात की थी कि चार दिन बाद हमारी मेज पर जाने-पहचाने व्यंजन होंगे। हिन्दुस्तानी सजावट के साथ रेस्टोरेंट साफ-सुथरा था। मैं रेस्टोरेंट के मैनेजर से बात करने लग तो चौंका। पता चला इस रेस्टोरेंट का मालिक पाकिस्तानी है। रेस्टोरेंट का नाम बम्बई इसलिए रखा कि यहाँ शुरू से हिन्दुस्तानी ज़्यादा आते हैं। पाकिस्तानी मालिक के पूर्वज भी बम्बई से पाकिस्तान जाकर बस गए थे। फिर पाकिस्तान छोड़कर जिनेवा आ गए। मैंने मैनेज़र को बताया कि आपको पता है बम्बई अब हिन्दुस्तान से विदा हो गया। अब वहाँ मुम्बई है। मैंने कहा कि शुक्र है यहाँ राज ठाकरे का राज नहीं वरना रेस्टोरेंट के शीशे वीशे सब टूट गए होते। मैनेजर हँसने लगा। उसने हेड शेफ को बुलाकर हिदायत दी कि वह हमारा ख़ास ख़याल रखे। रेस्टोरेंट में हर तरह के हिन्दुस्तानी व्यंजन मुहैया थे। मैं शाकाहारी नहीं हूँ इसलिए विकल्प की कोई कमी नहीं थी।

संयुक्त राष्ट्र फ्रेमवर्क कन्वेंशन ऑन टोबैको कंट्रोल (एफसीटीसी) में आज मुझे अपनी रिपोर्ट पेश करनी है। भारत की सीमा से लगे पाकिस्तान, भूटान, बांग्लादेश और नेपाल की तरफ से होने वाली विदेशी सिगरटों की तस्करी पर। दफ़्तर से छुट्टी लेकर करीब एक महीने भारत की सरहदों पर भटका था। तस्वीरों के साथ अच्छी रिपोर्ट तैयार हो गई थी। मेरा काम सिर्फ ये रिपोर्ट तैयार कर एक अन्तरराष्ट्रीय संगठन-एफसीआई को देना था। ये एक तरह की स्कॉलरशिप थी। लेकिन बाद में उन्होंने तय किया कि जिस रिपोर्टर ने रिपोर्ट तैयार की है वही इसे

यूएन में पेश करे। आननफानन में यात्रा की तारीख तय हो गई। ये मेरी पहली विदेश यात्रा थी। बचपन से सुनता आया था कश्मीर भारत का स्विट्ज़रलैंड है। कश्मीर जाने का बहुत मन था पर कभी जा नहीं पाया। लेकिन उस दिन मेरे मेल के इनबॉक्स में टिकट आया तो सीधे स्विट्ज़रलैंड का। सच पूछिए तो उस वक़्त मुझे ईश्वर के सेंस ऑफ़ ह्यूमर पर भी बहुत हँसी आई। पासपोर्ट तो मैंने एक साल पहले तभी बनवा लिया था जब मुझे भूटान जाना था। हालाँकि मैं जानता था कि भूटान जाने के लिए आपका काम राशन कार्ड से भी चल जाएगा। वहाँ कोई भी हिन्दुस्तानी अपना कोई भी पहचानपत्र दिखाकर अराइवल वीजा बनवा सकता है। वहाँ पासपोर्ट की ज़रूरत नहीं। स्विस वीजा लेने मुझे दिल्ली आना पड़ा था। स्विस एम्बेसी ने बड़ी शालीनता से वीजा जारी कर दिया। वीजा हाथ में आया तो पता चला ये शेन्जेन वीजा है यानी इस वीजे पर मैं पूरा यूरोप घूम सकता हूँ। ये अपने आप में एक रोमांचक अहसास था।

खैर, डब्ल्यूएचओ की ये कॉन्फ्रेंस सीआईसीजी यानी सेंटर इंटरनेशल द कॉन्फ्रेंस जिनेवा में होनी थी। सेहत को लेकर चिन्तित करीब 250 देशों के प्रतिनिधि यहाँ इकट्ठा थे। थोड़ी घबराहट थी पर सिगरेट के अवैध कारोबार पर मेरा पीपीटी तैयार था। सोचने लगा स्वामी विवेकानन्द की तरह यहाँ मैं अपनी बात भाइयो और बहनो के मशहूर सम्बोधन के साथ शुरू करूँ। पर जल्द ही इस ख़याल पर हँसी आ गई। यहाँ कोई आध्यात्मिक प्रवचन नहीं देना था। मुझे मालूम था कि रिपोर्ट पेश करने के बाद हमले शुरू हो जाएँगे। और यही हुआ पाकिस्तान और बांग्लादेश के प्रतिनिधियों ने सवाल उठा दिए। उनका कहना था कि भारत ने उन्हें बदनाम करने के लिए ये रिपोर्ट तैयार कराई है। वह तस्करी की वीडियो रिकॉर्डिंग पर भी यकीन करने को तैयार नहीं थे। मैं निराश नहीं था क्योंकि मुझे पहले बता दिया गया थो कि ये ज़रूर होगा। अन्तरराष्ट्रीय सम्मेलनों में हर देश अपने आपको पाक साफ बताने की कोशिश करता है। यही वजह है कि अक्सर इन अन्तरराष्ट्रीय सम्मेलनों में किसी एक बात पर सहमति नहीं बन पाती।

फिर चाहे वह पर्यावरण से जुड़ा कोई मुद्दा हो या स्वास्थ्य से जुड़ा। दिन भर बहस चली और कोई नतीजा नहीं निकला। निकलना भी नहीं था। बाद में मैंने अपने पाकिस्तानी मित्र से पूछा—क्या यार तुम्हें पता नहीं है कि नेपाल की तरफ से पूरा बॉर्डर खुला है। तुम लोग सारी ख़ुराफ़ातें करते हो और अन्तरराष्ट्रीय

सम्मेलनों में आकर सूफी सन्त बन जाते हो। वह हँसने लगा। बोला—यार नौकरी भी तो करनी है। तुम ठहरे सहाफ़ी जो चाहे सो लिख दो। हम सरकारी मुलाज़िम हैं। हमें पहली ट्रेनिंग यही दी जाती है कि अन्तरराष्ट्रीय मंच पर हर उस रिपोर्ट की मुख़ालफ़त करो जो आपके मुल्क को बदनाम करती हो चाहे वो कितनी सही क्यों न हो। अपने मंत्रालय के अफ़सर से पूछिए वह भी यही बताएँगे। अब मुझे इस नामुराद मसले पर ज़्यादा डिबेट नहीं करनी थी। मेरा काम ख़त्म हो चुका था। मेरे सामने दुनिया की सबसे ख़ूबसूरत धरती थी और नीला खुला आसमान था। मेरे सामने असल चुनौती ये थी कि मैं कम-से-कम वक़्त में सात समन्दर पार के इस जहान को अपने भीतर समेट लूँ। मेरा ज़ेहन आगे की योजनाएँ बनाने में मसरूफ़ हो गया।

वायलन बजाने वाले भिखारी और कॉल्विन कॉलेज

कल ही तय हो गया था कि आज शहर घूमना है। इलसा तीन दिन से शहर दिखाने के लिए पीछे पड़ी थी। मैं ही लगातार टाल रहा था। सुबह आकर होटल के रिसेप्शन पर डेरा डाल दिया। रिसेप्शन से फोन आया कि नीचे इलसा मेरा इन्तज़ार कर रही है। मैं बस नहा के निकला ही था। घड़ी देखी ठीक दस बज रहे थे। मैं जानता हूँ इलसा वक़्त की पक्की है। मुझे कई बार लगा कि स्विट्ज़रलैंड की सारी घड़ियों में वक़्त इलसा ही सेट करती है। न एक मिनट इधर, न उधर। समय के पाबन्द लोगों से मुझे बहुत घबराहट होती है। लगता है कि किसी फौजी कैम्प में हूँ। मैं उससे कहता कि तुम ज़रूर हिटलर के खानदान की होगी। हालाँकि वह मूलत: जर्मन है लेकिन हिटलर का नाम सुनकर भड़क जाती। उसे हैरत होती है कि हम हिन्दुस्तानी कितनी सहजता से हिटलर का नाम ले लेते हैं।

मैं तैयार होकर नीचे आता हूँ तो देखता हूँ वह गुस्से में बैठी है। सोचता हूँ दुनिया की सारी लड़कियाँ एक जैसा गुस्सा क्यों दिखाती हैं। सफाई देने के बजाय मैं ब्रेकफास्ट के लिए होटल के रेस्त्राँ की तरफ बढ़ जाता हूँ। वह पीछे से अंग्रेज़ी में कहती है—तुम नहीं सुधरोगे। इलसा की बेतकल्लुफ़ी मुझे पसन्द है। कन्वेशन से पहले ही वह भारत में फोन से मेरे सम्पर्क में थी। प्रायोजक संस्था ने उसे हमारी देखभाल के लिए नियुक्त किया था। हमउम्र थी इसीलिए औपचारिकताएँ बहुत जल्द विदा हो गई थीं। मुझे शहर घुमाना उसके शेड्यूल

लिस्ट में नहीं था। लेकिन एक चीज़ जो हमारे शेड्यूल में पहले दिन ही शामिल हो गई थी, वह थी—दोस्ती।

ब्रेकफास्ट के दौरान मैंने उसे दोस्ताना लिहाज में हिदायत दी कि वह मुझसे किसी टूरिस्ट गाइड की तरह बर्ताव न करे। वैसे भी यहाँ मेरे शरीर की घड़ी का वक़्त कलाई में बँधी घड़ी से मैच नहीं कर रहा। भोर में चार बजे तो नींद आती है। आधी रात खिड़की से देखता हूँ कि सड़क पर क्या तमाशा हो रहा है। मैंने उसे उस रात सड़क पर चल रहा प्रेमी-प्रेमिका के झगड़े का क़िस्सा सुनाया। वह खूब हँसी। उसे भरोसा नहीं हुआ। उसने कहा—यू आर लायिंग। मैंने कहा—नहीं, सच वह लड़की उसे बार-बार छू रही थी और लड़का बार-बार बोल रहा था—डोंट टच मी। वह खूब हँसी और इस हँसी में उसका गुस्सा जाने कहाँ गिर गया।

हम टहलते हुए कार्नवीन मेट्रो स्टेशन पहुँचते हैं। सिर्फ दो सड़कें पार करनी पड़ीं। इसके सामने हमें ट्राम पकड़नी है। इस इंटरचेंज स्टेशन पर हर सुबह वायलन वादकों का झुंड दिखता है। आज भी दिख रहा है। सब के सब लम्बे पुराने ओवरकोट में हैं और हाथ में वायलन है। मैं इलसा से पूछता हूँ ये ढेर सारे वायलन वादक कौन हैं? वह इशारे से कहती है अभी पता चल जाएगा। हम शहर की तरफ जाने वाली ट्राम में बैठ जाते हैं। अन्दर से ट्रामें हमारी दिल्ली की मेट्रो जैसी हैं। लेकिन भीड़भाड़ बिल्कुल नहीं है। काँच की बड़ी-बड़ी खिड़कियों के बाहर पूरा शहर साफ दिखता है। मैं खिड़की से बाहर देखने लगता हूँ। ट्राम में वायलन की एक धुन सुनाई पड़ती है। मुझे पता नहीं चला कि वे वायलन बजाने वाले कब ट्राम में आ गए। वायलन की धुन सुखद लगती है। लेकिन मैं देखता हूँ बाकी यात्री अपने में गुम हैं। थोड़ी देर बाद वह वायलन बजाना बन्द करके अपने ओवरकोट की जेब से एक गिलास निकलता है। यात्री उसमें सिक्के डालने लगते हैं। मैं इलसा को बताता हूँ—ऐसा मैंने अपने देश में पूर्वांचल और नार्थ-ईस्ट की ट्रेनों में खूब देखा है। कभी कोई बाँसुरी बजाकर पैसा माँगता है कभी इकतारा बजा कर। वह वायलन वादक मेरे पास आता है। मैं भी अपनी जेब से एक सिक्का निकालकर उसके गिलास में डाल देता हूँ। उस वक़्त ध्यान नहीं रहा कि वह सिक्का कितने का था। बाद में याद आया वह स्विस फ्रेंक था। एक यूएस डॉलर के बराबर यानी करीब पचास रुपए। इनाम थोड़ा महँगा हो गया। मैं बाद में सोचता हूँ।

किसी भी दूसरे यूरोपीय शहर की तरह जिनेवा को भी हम दो हिस्सों में बाँट सकते हैं। एक नया और दूसरा पुराना। जाहिर तौर पर पुराना शहर ज़्यादा ख़ूबसूरत है। इमारतों में प्राचीन रोमन वास्तु शिल्प दिखता है जो मैंने और भी कई यूरोपीय देशों में देखा है। ये ख़ामोश इमारतें आपको ख़ास तरह से आकर्षित करती हैं। इलसा ने जब मुझे कॉल्विन कॉलेज की इमारत दिखाई तो मैं चौंका। एक तन्हा सी ख़ामोश इमारत। मैंने इलसा को बताया कि एक कॉल्विन कॉलेज हमारे लखनऊ में भी है। इस बार चौंकने की बारी इलसा की थी क्योंकि जॉन कॉल्विन जिनेवा की रूह हैं। इस शहर को बसाने में और यहाँ के लोगों में रूहानियत भरने में जॉन कॉल्विन का बड़ा नाम है। वह जिनेवा के आध्यात्मिक गुरु थे जैसे हमारे यहाँ कभी गौतम बुद्ध या महावीर रहे हैं। ऐसे जॉन कॉल्विन का लखनऊ से भी कोई रिश्ता हो सकता है क्या? मैं मजा ले रहा था। क्योंकि मैं जानता था कि लखनऊ में गोमती नदी के ठीक किनारे 'कॉल्विन ताल्लुक़ेदार कॉलेज' की नींव 11 मार्च, 1891 को अवध और आगरा प्रान्त के मुख्य आयुक्त सर ऑकलैंड कॉल्विन ने रखी थी। तब इस कॉलेज में केवल रजवाड़ों और ताल्लुक़दार के बच्चे ही दाख़िला ले सकते थे। इसमें दाख़िला लेने की अकेली और आखिरी शर्त थी कि वह राजघराने या किसी ताल्लुक़दार का बेटा हो या उनका गोद लिया हुआ हो। यह संस्था विशुद्ध रूप से पैसे वाले बच्चों को अंग्रेज़ी माध्यम से शिक्षा दिलाने के लिए स्थापित की गई थी। लेकिन इलसा अन्त तक इस बात पर डटी रही कि ब्रिटिश कमिश्नर आकलैंड का खा़नदान कहीं न कहीं से हमारे जॉन कॉल्विन से जुड़ा होगा। वैसे इस बात को न मानने की मेरे पास कोई वजह भी नहीं थी।

सारा दिन हम शहर में भटकते रहे। इस ख़ूबसूरत शहर को मैं अपनी आँखों में बसा लेना चाहता हूँ। बेहद साफ सुथरी सड़कें, ख़ूबसूरत चौराहे, चमचमाती दुकानें और एक से एक ख़ूबसूरत इमारतें। इलसा मुझे हर इमारत के बारे में बता रही थी। वह बताती है कि जिनेवा का पूरा पुराना शहर हैरिटेज साइट के रूप में घोषित है। यहाँ ज़्यादातर इमारतें 1830 से 1945 के बीच की बनी हैं। एक इमारत देखकर मैं चौंका था। वह रशियन आर्थोडक्स चर्च है। उसे ये लोग रूस द जिनेवा कहते हैं। इस इमारत के गुम्बद स्वर्ण के हैं। इन गुम्बदों के ऊपर क्रॉस के निशान बने हैं। पता नहीं क्यों ये गुम्बद मुझे अमृतसर के स्वर्ण मन्दिर के गुम्बदों की याद दिला रहे हैं।

शाम ढलने लगी है। हम थक चुके हैं। सड़क के किनारे बने एक ओपन रेस्त्राँ में बैठ गए। काफी और कुछ स्नैक्स का ऑर्डर दिया। मैंने इलसा से पूछा उसके नाम का मतलब क्या है? उसका जवाब था—गॉड ऑफ़ माई ओथ। ज़्यादातर जर्मन लड़कियों के नाम का यही अर्थ है। कहकर वह मुस्कुराने लगी। मैंने कहा—कुछ समझ में नहीं आया—गॉड ऑफ माई ओथ? क्या मतलब हुआ इसका? उसने मुस्कुराते हुए कहा—By my oath, you can trust me. यानी मेरी कसम तुम मेरा यकीन कर सकते हो। मैं लाजवाब हो जाता हूँ।

स्विट्ज़रलैंड के गाँव में एक शाम

दूर तक फैली आल्पस की पर्वत श्रृंखला। नीचे लाल खपरैल के बने घर। छतों पर, पेड़ों की बारीक टहनियों पर, रसोई की चिमनियों पर, बिजली के तारों पर हर तरफ बर्फ की हल्की चादर। झरने, झीलें और खुला आसमान। ट्रेन की विशालकाय खिड़कियों से दिख रहे ये अद्‌भुत नजारे आँखों को यकीन दिलाने की कोशिश कर रहे हैं कि हाँ, ये हकीकत है और आप जन्नत की सैर पर हैं।

जिनेवा में मेरा काम ख़त्म हो चुका है। मेरे पास चार दिन और बचे हैं। हम लोगों को दैनिक खर्च के लिए 75 यूएस डॉलर मिलते हैं। पूरे ट्रिप के पैसे एडवांस में मिल गए हैं। मैं हिसाब लगाता हूँ मेरी जेब में करीब 700 यूएस डॉलर हैं। यह बहुत हैं। इन पैसों से मैं यूरोप के कुछ और देश घूम सकता हूँ। मैं जानता हूँ शेन्जेन वीजा मेरे पास है। इस वीजा पर मुझे कोई रोकेगा नहीं।

मेरे सामने स्विट्ज़रलैंड का टूरिस्ट मैप है। इसकी एक सीमा जर्मनी से मिलती है दूसरी फ्रांस से और तीसरी इटली से। इलसा बताती है कि समय के इस बजट में आप सिर्फ एक तरफ निकल सकते हैं। मैंने इटली जाना तय किया। क्योंकि वह लुगानो के रास्ते में हैं। वहाँ मेरा रिश्ते का भाई, अनादि, यूनिवर्सिटी ऑफ़ लुगानो से पीजी कर रहा है। सबसे पहले मुझे वहीं जाना है लेकिन घूमते हुए।

जिनेवा से लुगानो पहुँचने के लिए मुझे स्विट्ज़रलैंड की राजधानी बर्न, ज्यूरिख पार करते हुए इटली की सीमा तक पहुँचना था। करीब 800 किलोमीटर का सफ़र। स्विट्ज़रलैंड घूमने का इससे अच्छा बहाना क्या हो सकता था। एक एयरबैग में दो-तीन दिन के कपड़े भर कर यूरो ट्रेन में सवार हो गया। यूरो रेल अन्तरराष्ट्रीय ट्रेन है। ये यूरोप के तमाम देशों को एक-दूसरे से जोड़ती है। इसकी

रफ्तार कई दफा हवाई जहाज़ को मात करती है। ट्रेन के अन्दर का दृश्य किसी रेस्टोरेंट जैसा है। साफ सुथरा और भीड़ भाड़ से दूर। आपकी चेयर के आगे एक छोटी मेज भी होगी, जिस पर आप लैपटॉप रखकर अपना काम कर सकते हैं।

ट्रेन की खिड़की से देखता हूँ स्विट्जरलैंड के गाँव अब शहर से जुड़े फार्म हाउस में तब्दील हो गए हैं। दीवारें पत्थर की और छतें खपरैल की जैसे हमारे देश में होती हैं। हर घर के बाहर कार और गायें बँधी हैं। पहचान के लिए गायों पर रंग लगाया गया है। शायद अपने गोरुओं पर पहचान के लिए रंग लगाने की परंपरा करीब-करीब सभी संस्कृतियों में रही है। मेरा पहला ठिकाना मुंड है। इलसा ने मुझे बताया था कि स्विट्जरलैंड की हसीन वादियों में खोना है तो मुंड ज़रूर रुकना। ये लगभग ग्रामीण इलाका है। समुद्र तल से करीब 1200 मीटर ऊपर बसे इस इलाके को यूनेस्को ने वर्ल्ड नेचुरल हैरिटेज साइट घोषित किया है।

पहली बार मुंड नाम सुनकर मैं चौंका था। क्योंकि पुरानी भूली बिसरी स्मृतियों में यह शब्द कुछ जाना-पहचाना था। याद आया लखनऊ के हमारे स्कूल में मधुमिता मुंड नाम की एक ख़ूबसूरत लड़की पढ़ती थी। उसके पिता शायद फौज में थे। उसके बाल अजीब तरह से घुँघराले थे। वह शायद मुंड जनजाति से थी। ये जनजाति शायद छोटा नागपुर के पास की है। ये लोग झारखंड, ओडिशा से लेकर पश्चिम बंगाल तक फैले हैं। महान क्रान्तिकारी बिरसा मुंडा शायद इसी जनजाति से है, वैसे ठीक से पता नहीं। लेकिन मैंने कभी उससे पूछा नहीं। खैर मुंड स्विट्जरलैंड की एक पुरानी म्यूनिसपैल्टी थी जो अब एक छोटा सा कस्बा है। ऊँची पर्वत श्रृंखलाओं के बीच बसा एक मोहक कस्बा। जंगली लकड़ियों के बने पुराने घर। लकड़ियों के रंग वक़्त के साथ काले पड़ गए हैं। उनकी ढलानदार छतें उन छतों पर शाख से टूटे पत्ते। मुझे बताया गया कि सर्दी के दिनों में ये ढलानदार छतें सफेद बर्फ की चादर से ढँक जाती हैं। पेड़ों पर भी बर्फ होती है, टहनियों और पत्तियों पर भी। पर इन दिनों बर्फ नहीं है। मौसम साफ और चमकदार है। धूप में गर्माहट है। वर्ना साल के नौ महीने यहाँ बर्फ रहती है। दूर पहाड़ी पर बड़ी नोकदार सींगों वाली भेड़ें दिख रही हैं। सफेद और काली भेड़ें। उनके शरीर पर लम्बे-लम्बे बाल हैं जो बर्फ से उनका बचाव करते हैं। प्रकृति ने उन्हें यहाँ जीने लायक बना दिया है।

मैं आस-पास घूम रहा हूँ। अकेले। यहाँ के लोग अंग्रेज़ी नहीं जानते। सिर्फ जर्मन बोलते हैं। इसलिए किसी से बातचीत भी सम्भव नहीं। ज़िन्दगी में पहली

बार ऐसा हुआ कि आप किसी से बात करना चाहते हो, पर नहीं कर सकते। अंग्रेज़ी के सिर्फ कुछ शब्द मदद कर रहे थे। एक सस्ता सा होटल मिल गया। पूरी तरह लकड़ी से बना एक साफ सुथरा होटल। टूरिस्ट नहीं हैं इसलिए भीड़ भाड़ भी नहीं है। शाम ढल चुकी है। अब क्या करूँ? सोचता हूँ। होटल के बार में जाकर बैठूँ। हाँ, ये विचार दिलचस्प है। बार में हल्की पीली रोशनी है। चारों तरफ बिखरी कुर्सियों पर लोग बैठे हैं। स्त्री-पुरुष सब हैं। बीच में बॉन फायर का इन्तजाम है। शायद इसीलिए इस बड़े कमरे में गर्माहट है। मैं एक मेज के किनारे अपना गिलास लेकर बैठ जाता हूँ। धीमा स्विस संगीत पूरे वातावरण में तारी है। बाईस साल पुरानी बैलविनी सिंगल माल्ट के साथ अब ये संगीत धीरे-धीरे मेरी चेतना पर हावी हो रहा है। जीवन के बारे में सोच रहा हूँ और किस्मत के बारे में। कितनी अप्रत्याशित है ज़िन्दगी। आज यहाँ स्विट्जरलैंड की अनजान सी जगह मुंड में हूँ। फिर स्कूल के दिन याद आते हैं। मधुमिता याद आती है। उसके दोस्त याद आते हैं। अपने दोस्त याद आते हैं। वे दिन कितने मस्त थे। स्कूल कैम्पस में इमली का पेड़ था। हम इमली अपने लिए नहीं तोड़ते थे। वो सारी शरारतें याद आती हैं। होंठों पर मुस्कुराहट तैर जाती है।

मैं अपने कमरे में लौट आता हूँ। दूर लकड़ी के बने तमाम घरों में रोशनी है। कितनी शान्ति है चारों तरफ। चाँदनी रात में पूरा कस्बा जगमग है। दूर अँधेरे में पहाड़ों का रंग और स्याह होता जा रहा है। मैं थक गया हूँ। अब सोना चाहता हूँ।

लुगानो यानी स्वर्ग का एक शहर

लुगानो स्टेशन पर उतरा तो लगा किसी हिल स्टेशन की दोपहर है। हवाओं में ख़ास तरह की ठंडक है। साँस लीजिए तो बर्फ अन्दर तक अटक जाती है। वह बर्फ नहीं सिर्फ उसका अहसास है। यूरो रेल का प्लेटफार्म किसी एयरपोर्ट के लाउंच जैसा साफ सुथरा है। बनावट में ये स्टेशन हिन्दुस्तान के किसी सामान्य रेलवे स्टेशन से अलग नहीं है। लेकिन भीड़ भाड़ बिल्कुल नहीं। दूर-दूर तक बामुश्किल दो-चार लोग नज़र आ रहे हैं। चारों तरफ एक अजीब तरह का सन्नाटा पसरा है। कहीं कोई आवाज़ नहीं, शोर नहीं। ट्रेन आगे सरककर धीरे-धीरे आँखों से ओझल हो गई। सामने पहाड़ दिखने लगे।

मैं पलटा तो पीछे अनादि खड़ा था। जैसा कि मैंने बताया था वह यूनिवर्सिटी ऑफ़ लुगानो से पीजी कर रहा है, शायद कम्प्यूटर साइंस में। यहाँ हॉस्टल में रहता है, नहीं शायद किराए के मकान में। अनादि ने बताया कि यहाँ मकान महँगे नहीं हैं। दो-तीन स्टूडेंट मिलकर एक फ्लैट ले लेते हैं। काम चल जाता है। मैं अनादि को वह सामान देता हूँ जो उसकी माँ ने उसके लिए बहुत प्यार से भेजा था। मालपुआ, गुझिया, मठरी यही सब कुछ होगा उस डिब्बे में।

हम सीढ़ियों से चढ़कर उसके रूम तक पहुँचते हैं। उसे रूम कहना गलत होगा। यह एक हवादार घर है। खुला-खुला-सा। सामने शीशे की बड़ी-बड़ी खिड़कियाँ हैं। और खिड़कियों के उस पार प्राकृतिक सौंदर्य। पर्वत, झरने, नदी, पेड़, हरियाली सब कुछ। उनके इधर इस पार ख़ूबसूरत पुरानी इमारतें, चौड़ी सड़कें, पार्क और सलीके से बसे लोग। अनादि बताता है कि यहाँ का जीवन कितना शान्त और ठहरा हुआ है। लेकिन ज़िन्दगी ऐसी नहीं है। ज़िन्दगी झरने सी बहती हुई है। अगर आपकी जेब में स्विस फ्रेंक हैं तो सारे ऐश्वर्य आपके लिए हैं। दिलचस्प है कि यूरोप में होने के बावजूद स्विट्जरलैंड में यूरो डॉलर नहीं चलता। क्योंकि तकनीकी तौर पर स्विट्जरलैंड यूरोपियन यूनियन का हिस्सा नहीं है। पूरे स्विट्जरलैंड में स्विस फ्रेंक नाम की करेंसी चलती है। अनादि अपने आधुनिक किचन में जाकर जल्दी-जल्दी नाश्ता तैयार करता है क्योंकि हमें अभी बाहर घूमने के लिए निकलना है।

लुगानो स्विट्जरलैंड का एक मशहूर पर्यटन स्थल है। चारों तरफ से पहाड़ों से घिरा एक ख़ुशनुमा शहर। करीब आधा दर्जन से ज़्यादा म्यूजियम और पुरानी ऐतिहासिक इमारतें इस ख़ामोश शहर की पहचान हैं। कैंटोनल डी आर्ट म्यूजियम में बाइबिलिक आर्ट की ग़ज़ब चित्रकारी है। ओक की लकड़ी पर ये ऑयल पेंटिंग शायद मिमलिंग हैंस की हैं। सूली पर चढ़ाने से पहले ईसा मसीह को जनता के दर्शन के लिए लाया जा रहा है। अद्भुत...पहली सदी के राजनीतिक माहौल की एक जीवन्त तस्वीर। शायद पन्द्रहवीं सदी की पेंटिंग है ये। ऐसी कई और दुर्लभ तस्वीरें हैं यहाँ। एक मूर्ति यहाँ 16वीं सदी के ईसाई सन्त ऑथानासियुस की है। उनके बारे में एक दिलचस्प क़िस्सा है। उन्हें जब शहर की एक मशहूर वेश्या से मिलवाया गया तो वह जोर-जोर से रोने लगे। पूछा गया कि क्यों रो रहे हैं आप? सन्त बोले—मुझे दो बातों को लेकर गहरा दुख हुआ। एक तो यह कि इस वेश्या का कोई भविष्य नहीं। और दूसरी बात

यह कि मैं ईश्वर को हासिल करने के लिए इतनी कोशिशें नहीं करता जितनी ये बदचलन मर्दों को ख़ुश करने के लिए करती है।

लेक लुगानो का ख़ास आकर्षण है। इस झील का विस्तार कई किलोमीटर तक है। लुगानो के पश्चिम में एक टूरिस्ट स्पॉट है गेनड्रिया। बस का ड्राइवर हमें उस पहाड़ी हाईवे पर उतार देता है। हाईवे पर एक तरफ चट्टानें हैं, दूसरी तरफ नीचे बहुत गहराई में लम्बी झील। नीचे नीली झील के किनारे खूब सारे झोपड़ीनुमा घर बने हैं। वीक एंड में यहाँ लोग छुट्टी मनाने आते हैं। हम झील के किनारे घूम रहे हैं। तस्वीरें खींच रहे हैं। ऊपर हाईवे पर आए तो वापसी की कोई बस नहीं दिख रही। हम पैदल गगे बढ़ते गए। एक टनल के नीचे अकेला पुलिस वाला दोनों तरफ से आने वाली कारों की चेकिंग कर रहा था। यह स्विट्ज़रलैंड और इटली का बॉर्डर है। पुलिस वाला बताता है कि इटली में शराब, सिगरेट और मांस सस्ता है। इटली से आने वाला हर वाहन चालक रुककर पुलिसवाले को बताता है कि उसके पास यह सब नहीं है। कार के अन्दर सरसरी निगाह डालकर वह उसे जाने देता है। जिस वाहन पर उन्हें शक होता है उन्हें किनारे रोककर वे ठीक से तलाशी लेते हैं। पूरी शालीनता से। लौटते वक़्त हमें कोई बस नहीं मिलती। हम पैदल लुगानो की तरफ बढ़ जाते हैं। इशारा करने पर एक दम्पती अपनी कार रोक देते हैं। पूछते हैं यू आर इंडियन्स? हम हाँ में सिर हिला देते हैं। हिन्दू ऑर मुस्लिम। हम दोनों एक-दूसरे का चेहरा देखने लगते हैं। अनादि धीमे से हिन्दू बोलता है। और कार का दरवाज़ा हमारे लिए खुल जाता है और हम आधे घंटे के सफ़र के बाद लुगानो सिटी पहुँच जाते हैं। अनादि बताता है कि आतंकवाद खासकर 9/11 की घटना के बाद यहाँ के लोग डरे हुए हैं। यहाँ कोई पाकिस्तानी या किसी भी मुसलमान को लिफ्ट नहीं देता। सोचकर अफ़सोस होता है। चन्द अहमक लोग कैसे पूरी कौम को बदनाम कर देते हैं।

इटली

मिलान

लियोनार्डो द विंची के शहर में

इटली के हसीन शहर मिलान में हूँ। पुरानी मध्ययुगीन इमारतों का शहर। ख़ूबसूरत औरतों और फैशनपरस्त मर्दों का शहर। नफ़ासत पसन्द कुलीनों और मेहनतकश मजदूरों का शहर। पुराने उदास गिरजाघरों और लियोनार्डो द विंची की कलाकृतियों का शहर। ईसा मसीह के 'अन्तिम भोज' की मशहूर पेंटिंग का शहर।

स्विट्जरलैंड की अन्तिम सीमा तक पहुँचकर मैं ठिठक गया था। सीमा पर तैनात पुलिस ने बताया था कि यहाँ से 'इतली' शुरू होता है। मेरे पास पूरे दो दिन थे। पासपोर्ट पर 'शेन्जेन वीजा' चस्पा था। यानी लंदन को छोड़कर मैं किसी भी यूरोपीय देश में आराम से घूम सकता हूँ। अनादि ने बताया कि लुगानो से मिलान का सफ़र सिर्फ एक घंटे का है। ट्रेन इस नेक काम के लिए केवल 26 फ्रेंक लेगी यानी कोई 2100 रुपए। अनजान और अज्ञात शहरों की यात्रा के दौरान एक अजीब-सा रोमांच घेर लेता है। लेकिन साथ ही एक अजीब सी घबराहट भी होती है। यूरो रेल में मैं जिस चेयर पर बैठा हूँ उसके सामने एक ख़ूबसूरत युवती बैठी है। शायद कुछ पढ़ रही है। बीच में वह मेरी तरफ देखकर मुस्कुराती है। मैं भी मुस्कराहट से जवाब देता हूँ। वह अंग्रेज़ी में पूछती है—यू आर फ्रॉम इंडिया। मैं मुस्कुराकर हाँ में जवाब देता हूँ। फिर बातचीत शुरू हो जाती है। वह फ्रांस की रहने वाली है और मिलान अपने बॉयफ्रेंड से मिलने जा रही है। बातचीत में उसने ये भी बताया कि वह अपनी पढ़ाई पूरी कर चुकी है और कॅरियर के तौर पर आगे मॉडलिंग करना चाहती है।

मिलान का रेलवे स्टेशन आ गया। ये तीन मंजिला रेलवे स्टेशन है। मिलानो सेंट्रल इटली के मिलान शहर का मुख्य रेलवे स्टेशन ही नहीं बल्कि यह यूरोप का सबसे बड़ा रेलवे स्टेशन है। ये स्टेशन पश्चिम में ट्यूरिन, वेनिस, रोम, नेपल्स को जोड़ता है। स्विट्जरलैंड में चियासो के जरिये बर्न और जिनेवा और ज़्यूरिख से जोड़ता है। वास्तुकला के नजरिये से ये बेशक दुनिया के सबसे ख़ूबसूरत रेलवे स्टेशनों में एक है। इटली के राजा विक्टर इमैनुयल III ने 20वीं सदी के शुरू में इसे बनवाया। ये 'असीरियन-लोम्बार्ड' शैली में बना है जो पौराणिक रोमन देवाताओं की याद दिलाता है। स्टेशन के मुख्य द्वार के ऊपर दोनों किनारों पर एक घोड़े को पकड़े दो रोमन सैनिक खड़े हैं। ये इतनी ऊँचाई पर बने हैं जैसे ये घोड़े अभी हवा में उड़ जाएँगे।

इतालवी टूरिज्म डिपार्टमेंट के काउंटर से मैंने लाल रंग की टूरिस्ट गाइड लेकर जेब में रख ली थी। पीछे पलटकर ऊँचे आलीशान खम्भों पर टिकी स्टेशन की विशालकाय इमारत देखी। ठोस पत्थरों से बनी पूरी इमारत रोमन वास्तुशिल्प की नायाब मिसाल है। स्टेशन के बाहर मजमा लगा है। रेड इंडियन्स का एक आर्केस्ट्रा समूह स्टेशन के बाहर ही अपना शो कर रहा है। सामने वादकों के पास अनगिनत वाद्ययंत्र है। बांसुरी से लेकर बैगपाइपर तक। उनके सामने नायक व नायिका का प्रेमालाप चल रहा है। मोटा-सा एक जोकर भी है जो अपनी मशखरेपन से सबको हँसा रहा है। मजमा इस पूरे शो का आनन्द ले रहा है। पर मुझे भूख लगी है। स्टेशन के सामने ही मैक्डॉनल्ड का फूड कोर्ट है। लाजवाब बर्गर से कम चल गया।

जेब से टूरिस्ट गाइड निकाली। मिलान की सबसे मशहूर जगह है—डूमो, एक ऐतिहासिक कैथेड्रिल चर्च। संगमरमर से बना यह मध्ययुगीन चर्च यूरो-गोथिक वास्तुकला का अद्‌भुत नमूना है। आप इसे इटली का ताजमहल कह सकते हैं। चर्च की दीवारों पर हज़ारों हज़ार मूर्तियाँ गढ़ी है। यह इमारत 1386 में बननी शुरू हुई थी। प्रथम दृष्टतया यह चर्च अपनी आकृति के कारण देखने में रहस्यमय और भुतहा लगती है। जैसे चर्च की दीवारों पर उन भटकती रोमन आत्माओं का निवास हो जिन्हें मसीह की तरह सीलब पर टाँग दिया गया है। लेकिन आज तो यहाँ मेला जुटा है। चर्च के सामने हज़ारों हज़ार छात्र और छात्राएँ, युवा और बुजुर्ग भी हैं। सामने मंच से इतालवी में किसी का भाषण चल रहा है। बाईं तरफ बड़े स्क्रीन पर उसका सजीव प्रसारण हो रहा है। बीच-बीच में तालियाँ। पूछने

पर पता चलता है कि यह न धार्मिक समारोह है, न राजनीतिक। माफिया के खिलाफ एक सामाजिक प्रदर्शन है।

चर्च के सामने ही एक बहुरुपिया खड़ा है। वेलिंटन के पोप की वेशभूषा में। सफेद बुत की तरह। स्थिर। जैसे चर्च का हिस्सा हो। उत्साहित छात्र व छात्राएँ उसके साथ खड़े होकर अपनी फोटो खिंचवा रहे हैं। वह बनावटी पोप नाटकीय ढंग से लड़कियों को चूमता है। कमर में हाथ डालकर उनकी तस्वीरें बनवाता है। गाइड में अगला गन्तव्य है—लियानार्डों द विंची इन मिलान। दुनिया के महानतम चित्रकार लियोनार्डो दा विंची ने मुझे हमेशा आकर्षित किया। वह 'यूनिवर्सल जीनियस' था। उसकी दो पेंटिंग्स 'मोनालिसा' और 'द लास्ट सपर' दुनिया की सर्वाधिक चर्चित पेंटिंग्स है। इटली के विंची गाँव में उनका जन्म उस मध्यकालीन दौर में हुआ जब मुगल भारत में कब्जा करने की कोशिशों में लगे थे। 'द लास्ट सपर' यानी ईसा मसीह का 'अन्तिम भोज।' ये एक मशहूर पेंटिंग है जिसकी प्रतियाँ दुनिया भर में मौजूद हैं। लेकिन ये 15 × 29 फुट की मूल पेंटिंग एक दीवार पर बनाई गई और ये दीवार इसी मिलान शहर में एक मोनेस्ट्री यानी मठ में मौजूद है। इस अन्तिम भोज में ईसा के साथ उनके बारह विश्वसनीय साथी मौजूद हैं। इस भोज में ईसा एलान करते हैं कि 'तुम 12 लोगों में से कोई एक मुझे पकड़वा देगा।' लियोनार्डो इसी कल्पना को जिन्दा करते हुए दीवार पर ये तस्वीर पन्द्रहवीं सदी के शुरुआती सालों में बनाई थी। आप कल्पना कर सकते हैं कि ईसा के मुँह से ये सुनकर उनके बारह शिष्यों के चेहरे पर कैसे डर और आतंक के भाव रहे होंगे? इसी भावों को लियोनार्डो ने ख़ूबसूरती से तस्वीर में उभारा जिसके कारण इस पेंटिंग ने दुनिया में तहलका मचा दिया। कहते हैं बारह शिष्यों में गद्दार जूडस के चेहरे के भाव बनाने में भी लियोनार्डो को कई दिन लग गए। पेंटिंग में देखिए जूडस ईसा के दाहिनी तरफ तीसरे नम्बर पर बैठा वह काली दाढ़ी वाला शख़्स है। वहाँ मौजूद हर व्यक्ति के चेहरे पर हैरत के भाव हैं। 15वीं सदी के चित्रकार आमतौर पर गीले प्लास्टर में ही पेंटिंग करते थे ताकि गीले रंग प्लास्टर में समा जाएँ। जब तक प्लास्टर नहीं उखड़ता था तब तक उनकी पेंटिंग रंगों के साथ जिन्दा रहती थी। पेंटिंग की इस विधा को इटली में 'फ्रेस्को' कहते है। लेकिन लियोनार्डो प्रयोगधर्मी थे। उन्होंने पहले प्लास्टर का बेस बनाया फिर उसके सूखने पर ये नायाब पेंटिंग बनाई। इससे रंग चटकदार ढंग से सामने उभरे। चेहरे के भाव भी ख़ूबसूरती से

उभर के सामने आए। लेकिन ये प्रयोग नाकाम रहा और सौ साल के अन्दर ही प्लास्टर उखड़ने लगा। रही सही कसर 16वीं सदी के किसी मूर्ख दर्शक ने पेंटिंग को जगह-जगह से खुरचकर पूरी कर दी। पर इस पेंटिंग के साथ अभी और बुरा होना बाकी था। 1652 में, मठ के निवासियों ने बिगड़ती पेंटिंग की दीवार में एक नया दरवाज़ा काट दिया, जिससे यीशु के पैर दिखाते हुए कलाकृति का एक हिस्सा हटा दिया गया। पेंटिंग बनने के तीन सौ साल बाद नैपोलियन की सेना ने इटली पर हमला किया और इस कमरे को अस्तबल में तब्दील कर दिया। एक फौजी ने तो गुस्से में बूट की नोक से जूडस के चेहरे पर कई ठोकरें मारीं। इससे और कई जगह से प्लास्टर उखड़ गया। दूसरे विश्व युद्ध के दौरान, नाजियों ने मठ पर बमबारी की, आस-पास की दीवारों को मलबे में बदल दिया। बाद के इटली के कुछ नामुराद चित्रकारों ने इसको सुधारने के नाम पर पेंटिंग की और दुर्दशा कर दी। 80 के दशक में महज 19 साल के एक युवा चित्रकार ने इस पेंटिंग को उसके मूल रूप मे बहाल करने की कोशिश की। 'द लास्ट सपर' को अन्तत: बहाल कर दिया गया, लेकिन इसने अपने मूल रंग को बहुत कुछ खो दिया।

कहते हैं, अगर आपने मिलान आकर ये पेंटिंग नहीं देखी तो समझें आपने यूरोप नहीं देखा। तो आप समझ सकते हैं कि इस पेंटिंग को लेकर मैं कितना बेकरार हूँ। मुझे पता चला कि ये पेंटिंग मिलान में कॉन्वेंट ऑफ़ सांता मारिया डेला ग्रैजी नाम की एक मोनेस्ट्री में है लेकिन दिक्कत ये है कि इसे देखने के लिए आपको करीब तीन महीने पहले ऑनलाइन टिकट बुक कराना होता है जबकि मिलान बस मैं अचानक आ गया हूँ। एक ट्राम ने मुझे सांता मारिया मोनेस्ट्री के ठीक सामने उतारा। ये लाल ईंटों की बनी 15वीं सदी की भव्य इमारत है। बाहर सैलानियों की ज़्यादा भीड़ नहीं है। इसकी दीवारों पर चारों तरफ एक ख़ास दूरी पर गोलाकार नक़्क़ाशी की गई हैं। मुख्यद्वार पत्थर के मजबूत खम्भों पर टिका है। भीतर जाइए तो ऊँची मेहराबदार गैलरी में सामने ईसा मसीह लकड़ी के एक बड़े से क्रॉस पर टंगे दिखेंगे। ये करीब पन्द्रह फुट लम्बा ईसाइयत का एक बड़ा-सा प्रतीक चिन्ह है। इन मेहराबों की छत पर भी ग़ज़ब की नक़्क़ाशी है। अन्दर की दीवारों पर बेज कलर का प्लास्टर है। वास्तुकला का ये अद्वितीय नमूना है। भीतर हॉल की दीवारों पर ईसा मसीह के जीवन से जुड़े किस्सों की बड़ी-बड़ी पेंटिंग्स लटकी हैं। छत पर और दीवारों पर बड़ी-बड़ी पेंटिग्स चित्रित

हैं। इन सभी पेंटिंग्स में चटकदार रंगों का प्रयोग किया गया है। कुछ सैलानी अपने कैमरे से इन पेंटिंग्स की तस्वीरें खींच रहे हैं। सामने बने चैपल में ईसा के जन्म का दृश्य है। नवजात ईसा के शरीर से दिव्य प्रकाश बिखर रहा है। उसके बाहर पत्थर की मेज पर रखी कई मोटी मोमबत्तियाँ जल रही हैं। कुछ तो पूरी तरह पिघल चुकी हैं। जिनमें धुएँ की एक रेखा ऊपर की तरफ उठ रही है। लोग टहल रहे हैं लेकिन मठ के अन्दर ग़ज़ब की आध्यात्मिक शान्ति पसरी है। मैं इस माहौल से बेतरह प्रभावित हूँ।

अब लियोनार्डो की मशहूर दीवार पेंटिंग देखने के लिए बेचैन हूँ। टिकट की ऑनलाइन बुकिंग नहीं कर पाया। मैं मोनेस्ट्री के प्रबन्धक से मिला। जर्नलिस्ट होने के बड़े फायदे हैं। प्रबन्धक महोदय राजी हो गए। इंटरकॉम पर फोन किया और मुझे एक रूम दिखाते हुए बोले वहाँ से ऑफलाइन टिकट ले लीजिए। अब 'द लास्ट सपर' देखने का 10 यूरो का टिकट मेरे हाथ में था। मैं वह टिकट दिखाकर उस गैलरी के गेट पर पहुँचा जहाँ लाइन से दर्शनार्थी प्रवेश कर रहे थे। मैं भी उनके साथ लाइन में लग गया। एक बार में केवल 20-25 लोगों का एक ग्रुप अन्दर जा सकता है और इस पेंटिंग के साथ केवल 15 मिनट बिता सकता है। और थोड़ी देर बाद 'द लास्ट सपर' की वह मशहूर दीवार पेंटिंग मेरे सामने थी। वह करीब 600 साल पुरानी पेंटिंग मेरे सामने थी सिनेमा के किसी रंगीन पर्दे की तरह। उसके रंग धुँधला गए थे। एक लम्बे से डिनर टेबिल और उस पर बैठे तेरह लोग जिनमें बीच में बैठे ईसा मसीह। उनकी कमीज का लाल रंग धूमिल हो चुका था। उनके बाएँ कन्धे पर पड़े नीले शॉल का रंग भी फीका हो चुका था। इसमें मेरी मेगडलिन की भी तस्वीर है। जिसे ईसा मसीह की प्रेमिका बताया जाता है। ये कलाकृति किसी चमत्कार से कम नहीं है। जो इतने मुश्किलों के बावजूद बची रह गई। कहते हैं कि दा विंची को 'द लास्ट सपर' को चित्रित करने में लगभग तीन साल लग गए थे। मैं ईसा के बारे में सोचने लगता हूँ कि कैसे इस भोज के बाद ही ईसा को गिरफ्तार कर फिर उन्हें सूली पर चढ़ा दिया गया होगा। तब कौन जानता होगा कि ये शख़्स उस ईसाइयत को जन्म दे रहा है जिसके पीछे दुनिया की आधी से ज़्यादा आबादी चलने लगेगी। उसकी याद में हर साल क्रिसमस मनाया जाएगा।

मैं थोड़ा उदास मन से मोनेस्ट्री के बाहर निकल आता हूँ। शाम ढल रही है। हल्की बारिश भी शुरू हो चुकी है। सर्दी बढ़ गई है। इस अनजाने देश में अभी

मुझे अपना ठिकाना खोजना है। अपना वतन याद आ रहा है। सोचता हूँ मेरे पास भी पंखों वाला घोड़ा होता तो उड़कर अपने भारत पहुँच जाता।

एक रात मिलान की सड़कों पर

इटली में इस सफ़र की अन्तिम शाम है। इस वक़्त लीमा स्ट्रीट पर इथोपिया के बीयर बार में बैठा हूँ। यूरोप के दूसरे शहरों की तरह यहाँ भी बीयर पानी से सस्ती है। इसका मतलब यह कतई नहीं कि आप बीयर को पानी की तरह इस्तेमाल कर सकते हैं। आधा लीटर पानी की बोतल की कीमत 5 यूरो यानी 300 रुपए है। इतने में बीयर की दो बोतलें मिल जाएँगी यानी प्यास बुझानी है तो मजबूरन बीयर को प्राथमिकता देनी होगी। बीयर कभी मेरा प्रिय पेय नहीं रहा, लेकिन मिलान में बीयर बारों की एक अलग संस्कृति है। विदेशी सैलानियों को यहाँ की बीयर एक ख़ास तरह का सुकून देती है। मादकता यहाँ की बीयर में नहीं, बार में है। गिलास में झाग से भरा पेय केवल उत्प्रेरक का काम करता है। अजनबी शहर में दिन भर बेवजह भटकने के बाद इन बारों में थकान धूप की परछाईं की तरह रफ़्ता-रफ़्ता सरकती हुई विदा हो जाती है। बार में इथोपियन संगीत की धुन में कुछ नीग्रो युवक और युवतियाँ नाच रहे हैं। इस बार में गोरे ग्राहक कम आते हैं। ज़्यादातर दक्षिण अफ्रीकी हैं। यूरोप के बीयर बारों में स्नैक्स का रिवाज नहीं है। पर मजे की बात यह है कि यहाँ के हर रेस्त्राँ में बीयर का रिवाज है। चाहे खाने के साथ बीयर लीजिए या फिर बीयर के साथ खाना, लेकिन ये रेस्त्राँ आपको बीयर बार का सुख नहीं दे सकते हैं। मैं चन्दीमा के बारे में सोच रहा हूँ। ट्राम में मुझे रास्ता बताते हुए यहाँ तक लाई थी। इतने लोगों की भीड़ में वह अकेली थी जो अंग्रेज़ी जानती थी। मैंने पूछा था साउथ इंडियन हो। तो उसने कहा नहीं, श्रीलंका कोलम्बो से। वह यहाँ अपने पति के साथ चार साल पहले आई थी। पति किसी रेस्त्राँ में काम करता है। चन्दीमा दुखी थी कहने लगी यहाँ आकर अंग्रेज़ी बोलना तक भूल गई। अब वह अपने पति के साथ वापस घर जाना चाहती है।

बार के दरवाज़े के शीशे से देखता हूँ कि बाहर सड़क पर किसी इतालवी फिल्म की शूटिंग चल रही है। अभिनेता को एक किताब की दुकान के शो विंडो तक आकर रुकना है और अपने डायलॉग बोलना है। वह नौजवान नायक पाँच

बार ऐसा कर चुका है। जैसे ही वह सामने से आकर रुकता है और डायलॉग डिलेवरी शुरू होती है। वहाँ से गुजरने वाले किसी वाहन का तेज शोर अभिनेता की आवाज़ दबा देता है। रीटेक पर रीटेक। फिल्म की निर्देशक कोई कम उम्र लड़की है। परेशान है, मैं वह खेल काफी देर से देख रहा हूँ। आगे बढ़ते हुए मैंने अभिनेता के कान में कहा—"यू आर रियली गुड एक्टर, कीप इट अप।" उसने हँसते हुए जवाब दिया—"इट मीन्स, माई फ्यूचर इस ब्राइट।" हम दोनों हँसने लगते हैं।

रात के करीब दस बज चुके हैं। इस वक़्त भारत में रात का तीसरा पहर शुरू हो चुका होगा। भूख लगने लगी है। सामने ही कुछ कुलीन इतालवी स्त्रियाँ हैं। अन्दर कई स्त्री व पुरुष खाने की मेज के सामने बैठे हैं। सब सुरुचिपूर्ण परिधान में। एक दम औपचारिक वातावरण। इस माहौल से परिचित होने के लिए मैं कोने की एक मेज़ घेर लेता हूँ। वेटर अंग्रेज़ी नहीं समझ पाता। रेस्त्राँ की मालकिन पास आती है। वह समझाती है कि वे लोग कई तरह के पिज्जा बनाते हैं। वह पिज्जा के साथ बीयर और छुरी-काँटा और रूमाल के इस्तेमाल की कीमत भी बताती है। कुल मिलाकर पिज्जा 10 यूरो, बीयर 4 यूरो और छुरी-काँटा व रूमाल के इस्तेमाल का खर्च 2 यूरो। मुझे यह पैकेज रोचक लगा। मैंने देखा मेरे इर्द-गिर्द बैठे तमाम ग्राहकों की मेज पर यही मैन्यू सजा है। यह जानकारी दिलचस्प लगी कि मिलान के रेस्त्राँ छुरी-काँटे के इस्तेमाल का भी किराया लेते हैं।

काउंटर के सामने भट्टी से पिज्जा बनकर निकल रहे हैं। पहले लम्बे से गिलास में बीयर मेज पर आई। फिर अंडाकर प्लेटनुमा लकड़ी पर सजा पिज्जा। ठंडी बीयर के साथ गर्म पिज्जा। रात में वापस जिनेवा के लिए ट्रेन पकड़नी है। यूरोप में लम्बी दूरी के लिए ट्रेन से यात्रा करना सबसे सुखद है। यूरोप की ट्रेनें कभी लेट नहीं होतीं। ट्रेनों का नेटवर्क ज़बरदस्त है। नेट से टाइम टेबिल देखकर आप स्टेशन पहुँचिए ट्रेन आपको खड़ी मिलेगी। मेरी ट्रेन रात बारह बजे की है। घोड़े के पंख वाले मिलान रेलवे स्टेशन के बाहर रात को बच्चों के खिलौने बेच रहे एक शख़्स ने धीमे से कहा—"इसे खरीद लीजिए।" मिलान में हिन्दी सुनकर चौंका। करीब 50 की उम्र के उस आदमी ने अपना नाम रतन भौमिक बताया। तीन साल पहले वह कोलकाता से आया था। गांधी रेस्त्राँ का मालिक हीरालाल उसे अपने साथ लाया था, लेकिन हीरालाल ख़ुद को दीवालिया घोषित कर अमेरिका में बस गया। भौमिक ने बताया कि उसने मिलान के बैंक को

करीब छह लाख यूरो का चूना लगाया। बहुत दिमाग़ वाला आदमी था। अब भी करोड़पति है, अमेरिका में। बैंक वाले कुछ नहीं कर सकते।

अब गांधी रेस्त्राँ कोई और चलाता है। रतन भौमिक खिलौने बेचता है। वह कहता है कि थोड़े पैसे कमाकर इंडिया लौट जाना चाहता हूँ। यहाँ सुख नहीं है। मुझे चन्दीमा के दुखी चेहरे की याद आ जाती है। रास्ते में रोशनियों में झिलमिलाते हुए यूरोप के कई ख़ूबसूरत शहर दिखते हैं। पर अब यह रंगीन रोशनियाँ आकर्षित नहीं करतीं। यह शहर भी उदास लग रहे हैं। थक चुका हूँ अब थोड़ा सोना चाहता हूँ।

अमेरिका

न्यू जर्सी

कितना डरा सहमा है सबसे बड़ा दरोगा

न्यू जर्सी के अत्याधुनिक एयरपोर्ट पर उतरा हूँ। माहौल ख़ुशनुमा है। बीती रात यहाँ हल्की बूँदाबाँदी हुई है। नीले आसमान पर बादल के टुकड़े एयरपोर्ट पर खड़े विमानों के ऊपर चक्कर लगा रहे हैं। आगे बाल्टीमोर का जहाज़ पकड़ने के लिए हम इमीग्रेशन विंडो की तरफ बढ़ रहे हैं। तभी अचानक अमेरिकी सुरक्षा एजेंसी के लोग हमें घेर लेते हैं। पासपोर्ट और वीजा की जाँच के बाद शुरू होता है सवालों का दौर। इलेक्ट्रॉनिक आइटम में क्या-क्या है? लैपटॉप, कैमरा? पिछले छह महीने में आपने उसे किसी दोस्त या किसी अजनबी को तो नहीं दिया? यात्रा से पहले लैपटॉप बनने के लिए किसी वर्कशाप में तो नहीं भेजा था? क्या किसी व्यक्ति ने आपको कोई सामान दिया है? सवाल ख़त्म होने का नाम नहीं ले रहे हैं। मेरे साथ सरदार हरविंदर सिंह भी इन सवालों से ऊब चुके हैं। करीब छह फुट की वह अश्वेत महिला कस्टम अफ़सर हमारी परेशानी समझ चुकी है। वह एक हाथ से अपनी कमर में टँगी काले मूठवाली भारी भरकम रिवॉल्वर सँभालती है और मुस्कुराते हुए बेहद शालीनता से कहती है—'सॉरी फॉर अनकन्वीनियंस, यू मे गो अहेड' (असुविधा के लिए खेद है आप आगे बढ़ सकते हैं।) आगे बढ़ते वक़्त सरदार जी ने बताया कि अब तो नई दिल्ली एयरपोर्ट पर अमेरिकी जहाज़ कांटीनेटल एयरवेज के सारे कर्मचारी सुरक्षा अधिकारी की तरह बर्ताव करने लगे हैं। जिन्हें जहाज़ पर चढ़ते यात्रियों की लाइन सीधी रखने का काम मिला है वह भी पूछते हैं कि यूएस क्यों जा रहे हैं? क्या काम है? कब लौटेंगे? हद तो तब हो गई जब दिल्ली के इंदिरा गांधी

अन्तरराष्ट्रीय हवाई अड्डे पर कांटीनेंटल के विशालकाय जहाज़ पर चढ़ने से पहले यात्रियों के जूते उतरवा लिये गए। सरदारजी ने बताया कि ऐसी तलाशी केवल यूएस जाने वाले जहाज़ों पर ली जाती है।

लेकिन अभी अगली मुसीबत इन्तज़ार कर रही थी। बाल्टीमोर के लिए चेक इन करते वक़्त नए सुरक्षा चक्र से गुजरना था। लैपटॉप, कैमरा, मोबाइल जैसे सारे इलेक्ट्रॉनिक सामान निकालकर टोकरी में स्कैन के लिए डाल दिए। पर जैसे ही मेटल डिटेक्टर से गुजरे बीप-बीप की आवाज़ शुरू हो गई। सुरक्षाकर्मी अलर्ट हो गए। थोड़ी घबराहट हुई। सामने खड़े सुरक्षाकर्मी ने बेल्ट की तरफ इशारा किया। बेल्ट उतार दी। फिर डिटेक्टर से गुजरे तो वही बीप-बीप की आवाज़। सबकी निगाहें ऐसे घूर रही थीं जैसे मेरी पतलून की जेब में रिवॉल्वर छिपी हो। इससे पहले मैं कुछ समझूँ सुरक्षाकर्मी ने तलाशी शुरू कर दी। पीछे की जेब से पर्स निकाला। शायद उसमे रखे सिक्के मेटल डिटेक्टर को पसन्द नहीं आ रहे थे। सुरक्षाकर्मी ने पर्स निकालकर जाँच की टोकरी में डाल दिया। मेटल डिटेक्टर को इस बार मुझ पर दया आ गई। बिना बीप की आवाज़ के मैं सुरक्षा द्वार पार कर गया। मैंने राहत की साँस ली। पर मेरे आगे सरदारजी अभी तक फँसे थे। एक महिला सुरक्षाकर्मी उनकी अँगुलियों के निशान ले रही थी। सरदारजी ने बताया कि शायद उस गोरी मेम को यकीन था उनकी पगड़ी में विस्फोटक छिपा है। लेकिन पगड़ी की जाँच को लेकर सिखों के विरोध के चलते उन्होंने पड़ताल का नया लेकिन शालीन तरीका ईजाद किया। महिला सुरक्षाकर्मी ने सबसे पहले सरदारजी के हाथ किसी केमिकल से साफ कराए। फिर उनसे कहा गया वह ख़ुद अपनी पगड़ी को चारों तरफ से छुएँ। इसके बाद सुरक्षाकर्मी ने सरदारजी के दोनों हाथों का एक कागज पर इम्प्रेशन लिया। इस कागज को एक मशीन में डाल दिया। स्क्रीन पर लिखकर आया—'नो एक्सप्लोसिव डिटेक्टेड।' यानी कोई विस्फोटक नहीं मिला। सरदारजी की साँस में साँस आई। वह धीरे से बुदबुदाए—'वाहे गुरुजी का खालसा, वाहे गुरुजी की फतेह।' सरदारजी बेतरह डरे हुए थे। मैं सोच रहा था केवल सरदारजी ही नहीं, सारी दुनिया का दरोगा अमेरिका भी डरा हुआ है।

बाल्टीमोर

जहाँ कोई रिटायर नहीं होता

अमेरिका के बाल्टीमोर शहर का हवाईअड्डा दुनिया के ख़ूबसूरत एयरपोर्ट में से एक है। रेड कॉरपेट के गलियारे के दोनों तरफ तमाम रेस्त्राँ और बार हैं। विशालकाय काँच की दीवारों के उस पार रनवे पर धूप में खड़े तमाम हवाई जहाज़। हवाई अड्डे से जॉन्स हापकिंस यूनिवर्सिटी कैम्पस का रास्ता केवल आधे घंटे का है। यूनिवर्सिटी जाने के लिए हम पाँच लोगों ने एक प्री-पेड शटल कैब एयरपोर्ट से ही बुक करा ली है। सभी अपना भारी भरकम सामान लेकर सड़क के किनारे खड़ी शटल तक पहुँचते हैं। शटल एक सिक्स सीटर टैक्सी कैब की तरह है।

सामान रखने के लिए शटल के पीछे डिक्की एक साठ पार की बुजुर्ग महिला खोलती हैं। आसमानी टी शर्ट पर नीली पतलून पहनी यह महिला तीस किलो के एयरबैग को उठाकर डिक्की में रख देती हैं। एक-दो नहीं आठ वजनी लगेज। महिला की मदद करने के लिए आगे बढ़ता हूँ तो गुस्से से देखती है और फिर अपने काम में जुट जाती है। हम सब शटल की सीटों पर बैठ जाते हैं। वह महिला भी आकर ड्राइविंग सीट पर बैठ जाती हैं। 'अरे, तो यह हमारी ड्राइवर भी हैं।' ड्राइविंग सीट के पास खाली जगह में उस महिला ड्राइवर का पर्स, लैपटॉप, मोबाइल फोन, पानी का थर्मस रखा हुआ है। वह अंग्रेज़ी में सभी यात्रियों को बताती हैं कि उनका गन्तव्य कितनी दूर है और शटल कितनी देर में वहाँ पहुँच जाएगी। वह बताती है कि इस बीच कोई भी यात्री पानी या अन्य ज़रूरतों के बारे में बता सकता है। वह निर्देश देती हैं कि सभी यात्री अपनी सीट बेल्ट बाँध लें।

कांटीनेटल एयरवेज के जिस जहाज़ से हम आए उसकी सारी एयर होस्टेस 50 पार की थीं। एक-दो तो 60 साल के करीब की होंगी। लेकिन सब चुस्त दुरुस्त। युवा परिचायिकाओं की तरह सजी-धजी। अपनी ड्यूटी के प्रति सचेत व सजग। न्यू दिल्ली से न्यू जर्सी तक का हवाई सफ़र 15 घंटे का था। हम रात 11 बजे दिल्ली से उड़े और अगले दिन सुबह पाँच बजे न्यू जर्सी उतरे। उस वक़्त भारत में शाम के सात बज गए थे। यानी वह रात हमारे लिए 15 घंटे की थी। प्लेन में जब सारे यात्री सो रहे थे तो बुजुर्ग हवाई परिचायिकाएँ जहाज़ के पीछे कॉफी की चुस्कियों के साथ गपशप कर रही थीं। एक एयरहोस्टेस तो सोए हुए यात्रियों के सरके हुए कम्बल दुरुस्त कर रही थी।

शटल ड्राइव कर रही उस बुजुर्ग महिला ने बताया कि बाल्टीमोर को अमेरिका का महानतम शहर कहा जाता है। जगह-जगह 'द ग्रेटेस्ट सिटी इन अमेरिका' लिखी तख्तियाँ इसकी तस्दीक़ कर रही हैं। बाद में पता चला यह इस शहर का अधिकृत सूत्र वाक्य भी है। हवाई जहाज़ जब लैंड कर रहा था तो ऊपर आसमान पर लगा था जैसे हम किसी हरे-भरे कानन वन में अपना विमान उतार रहे हैं। साफ सुथरी चौड़ी सड़कें। उनके दोनों ओर हरे-भरे पेड़। ऊँची पुरानी इमारतें जिनकी दीवारों पर ख़ास तरह की शिल्पकारी की गई है। सेंटर स्ट्रीट पर शहर की नई इमारतों के बीच 150 साल पुराना चर्च अपनी ख़ास तरह की मौजूदगी दर्ज कराता है। उसके इर्द-गिर्द सूखे हुए पेड़ पुराने अमेरिका के संघर्ष और बलिदान की महान गाथाओं और स्मृतियों को अपने भीतर समेटे हुए हैं।

मैरीलैंड राज्य के इस ख़ूबसूरत शहर में ख़ूबसूरत इमारतों की कमी नहीं। लेकिन जॉन्स हापकिंस यूनिवर्सिटी का कैम्पस शहर के बाहर है। 8 लेन सड़क पर कारें दौड़ रही हैं, बेशुमार कारें...हर तरह की कारें, हर मॉडल की। सड़कों के किनारे आबादी न के बराबर है। पूरे शहर की आबादी आठ लाख से कम है इसलिए हर चीज़ साफ सुथरी और व्यवस्थित है। शटल कैब लाल ईंटों से बने एक नए शहर में दाख़िल होती है। हर इमारत ख़ास तरह की पतली ईंटों से बनी है, ये ईंटें लखनऊ की लखौरी ईंटों की याद दिलाती हैं। शटल ऐसी ही लाल ईंटों से निर्मित एक बड़ी इमारत के सामने आकर रुक जाती है।

चार्ल्स कामन्स के नाम की यह ऊँची इमारत हमारा पहला पड़ाव है। वह ड्राइवर तेजी से उतरती है और डिक्की के अन्दर से यात्रियों का सामान उतनी ही फुर्ती से उतारने लगती है। हम सब उस वृद्ध किन्तु सिद्धहस्त महिला के

कौशल को देखकर हतप्रभ हैं। हमारे चेहरे देखकर उसके होंठों पर एक हल्की सी मुस्कुराहट आती है। वह कहती हैं—हमारा देश दुनिया का सबसे ताकतवर मुल्क है, वह इसलिए कि हम कभी थकते नहीं। हमें कोई रिटायर नहीं कर सकता जब तक हम ख़ुद रिटायर न होना चाहें। उसके चेहरे की त्वचा में पड़ चुकी उम्र की तमाम गहरी सिलवटों के बीच उसका आत्मगौरव साफ दमकने लगता है। यह अमेरिका है। तमाम बुराइयों के बावजूद आप उनसे अभिभूत हुए बिना नहीं रह सकते।

एक नालन्दा अमेरिका में

रात के साढ़े आठ बजे हैं। पर सूरज अभी ढला नहीं है। धूप इतनी की जैसे शाम के पाँच बजे हों। लेकिन आँखों में ग़ज़ब की नींद भर गई है। शरीर की घड़ी अभी तक हिन्दुस्तान की बैट्री से चल रही है। यहाँ वक़्त भारत से साढ़े नौ घंटे पीछे है। जॉन्स हापकिंस यूनिवर्सिटी ने 29 देशों से आए अपने मेहमानों को जिस चार्ली कामन्स हॉस्टल में ठहराया है वह किसी पाँच सितारा होटल से कम नहीं। 7वीं मंजिल पर एक छोटा सा वातानुकूलित कमरा। स्टडी टेबल, रैक, एक अलमारी और एक गद्देदार बेड। लिखने-पढ़ने में खो गए तो सच मानिए दुनिया जहान भूल जाएँगे। 'लीडरशिप प्रोग्राम' के तहत मुझे इस हॉस्टल में अगले एक महीने तक रहना है। रोजाना क्लास करनी है और वीकएंड में अमेरिका के शहरों में घूमना है।

काँच की लम्बी-सी खिड़की से पूरा कैम्पस दिखता है। नीचे चौड़ी सड़क पर दौड़ती कारें। शार्ट्स और टीशर्ट में घूमते लड़के। पाँवों में स्केट्स बाँधकर सड़कों पर फिसलती लड़कियाँ। सामने चौ-रस्ते पर सब-वे चेन का रेस्त्राँ है जो 24 घंटे खुला रहता है। उसके ठीक बगल में यूनिवर्सिटी मार्केट नाम की एक दुकान भी चौबीस घंटे खुली रहती है। हैरत की बात है कि नाइट लाइफ के नाम पर यहाँ कुछ नहीं। रात्रि भोज का अन्तिम वक़्त सात बजे है। इसके बाद सन्नाटा। 1876 में स्थापित जॉन्स हापकिंस अमेरिका की पहली बड़ी रिसर्च यूनिवर्सिटी है। हिन्दुस्तान में अभी तक प्राइवेट विश्वविद्यालयों के लिए कानून नहीं बन सके और यहाँ 1857 के भारतीय विद्रोह के पहले से, निजी विश्वविद्यालय ट्रस्ट के जरिये चल रहा है।

वॉशिंगटन डीसी जैसे अमेरिकी राज्य के अलावा चीन, इटली और सिंगापुर जैसे देशों में इस विश्वविद्यालय का फुलटाइम कैम्पस है। लेकिन बाल्टीमोर शहर के बाहर 140 एकड़ में बसा यह पुराना कैम्पस कई मायनों में अद्भुत है। लाल ईंट और सफेद संगमरमर के मेल से बनी सैकड़ों इमारतें पूरे कैम्पस को अलग पहचान देती हैं। पूरा कैम्पस हरे-भरे पेड़ों और लकड़ी की बेंचों से घिरा है। सड़क के किनारे बनी क्यारियों में भी मिट्टी की जगह लकड़ी का बुरादा और वुडन चिप्स के टुकड़े डाले गए हैं। शायद इसीलिए विवि ने इस कैम्पस को होमवुड का नाम दिया गया है। विश्वविद्यालय की कक्षाएँ यूरोप के किसी ओपेरा थिएटर की याद दिलाती हैं। सीढ़ीदार कुर्सियाँ और सामने बालकनी। सामने विशालकाय ब्लैक बोर्ड। हर कमरे में अमेरिका के मशहूर नायकों की तस्वीरें लगी हैं। नीचे से शिक्षक हर छात्र से संवाद स्थापित कर सकता है। हम कक्षा से बाहर निकलते हैं। सामने बहुत दूर तक फैले हरी घास के ख़ूबसूरत लॉन में एक छात्रा बिकनी में अर्धनग्न सूर्य स्नान का आनन्द ले रही है। कैम्पस में यह दृश्य लगभग सबको अटपटा लगा। लेकिन अमेरिका इन सब वर्जनाओं से अब बहुत आगे निकल चुका है।

विश्वविद्यालय की मुख्य इमारत के सामने का पूरा इलाका आवासीय है। एकरूपता देने के लिए इन्हें भी लाल ईंट और संगमरमर के मेल से बनाया गया है। सड़क के दोनों तरफ कॉटेजनुमा घरों की कतार है। हर घर के सामने एक छोटा सा बगीचा है। हर बगीचे में सूरजमुखी के खिले हुए फूल हैं। ये पुराने घर विश्वविद्यालय के शिक्षकों व अन्य अधिकारियों के हैं। वास्तुकारों ने इन घरों में पार्किंग की जगह नहीं दी थी। दिल्ली और दूसरे महानगरों की तरह लोग अपनी कारें घर के सामने नहीं खड़ी करते। कारें पार्क करने के लिए हर स्ट्रीट की अपनी दस मंजिला पार्किंग है। लोग अपनी गाड़ियाँ इन मल्टी स्टोरी पार्किंग में खड़ी करके अपने घरों तक पैदल चले जाते हैं।

कैम्पस में घूमते वक़्त न जाने क्यों मुझे नालन्दा का ऐतिहासिक परिसर याद आ रहा है। मैंने नालन्दा तो नहीं देखा लेकिन हापकिंस कैम्पस देखकर मैं अन्दाज़ा लगा सकता हूँ कि नालन्दा कैसा रहा होगा। पटना से लगभग 56 मील दूर दक्षिण-पूर्व में नालन्दा दुनिया का शायद पहला अन्तरराष्ट्रीय आवासीय विश्वविद्यालय था। 5वीं सदी में स्थापित यह विश्वविद्यालय अगली पाँच सदियों तक शैक्षिक व सांस्कृतिक गतिविधियों का अन्तरराष्ट्रीय केन्द्र रहा। इसमें दस

हज़ार छात्र और दो हज़ार शिक्षक हुआ करते थे। बाद में आक्रमणकारियों ने इसे आग के हवाले कर दिया था। भारत में नालन्दा का नामोनिशान मिट गया। हमने कभी दूसरा नालन्दा बनाने की कोशिश भी नहीं की। लेकिन हापकिंस जैसे लोग इतिहास को पत्थरों में ढाल कर नया इतिहास रच गए। चार्ल्स कॉमन्स के सामने ही जॉन्स हापकिंस की प्रतिमा लगी है। प्रतिमा के एक तरफ महिला और दूसरी तरफ एक पुरुष छात्र को बैठा दिखाया गया है। हापकिंस निस्संतान मरे थे और अपनी सारी दौलत वह इस विश्वविद्यालय के नाम कर गए। विश्वविद्यालय के पहले प्रेसिडेंट डेनियल कोट का मशहूर सूत्र वाक्य है—'सत्य बोलिए, क्योंकि सत्य आपको मुक्त करता है।' खिड़की से देखता हूँ, नीचे सड़क पर सन्नाटा पसरा है। सूनी सड़क पर एक अन्तहीन मौन। सोचता हूँ यहीं कैम्पस में कहीं हापकिंस की क़ब्र भी होनी चाहिए। अगर होती तो वहाँ हिन्दुस्तान की तरफ से श्रद्धा के दो फूल ज़रूर चढ़ा देता। रात के 1 बज गए हैं। अब मुझे सो जाना चाहिए। सुबह जल्दी उठना है। आठ बजे ही मेरी क्लास है। अख़बार में नौकरी के कारण इतनी सुबह उठने की कभी आदत ही नहीं। खैर अलार्म लगा लिया है। देखता हूँ।

इनर हार्बर में एक मस्त हसीं शाम

जॉन्स हापकिंस यूनिवर्सिटी में कॉन्फ्रेंस ठीक शाम छह बजे ख़त्म हुई। हल्की बूँदाबाँदी भी हो रही है। कैम्पस से बाल्टीमोर के 'इनर हॉर्बर' जाने वाली बस में दाख़िल होता हूँ। सुना है ये 'इनर हार्बर' रात के सैलानियों का स्वर्ग है। अमेरिका की सिटी बसें भी दिलचस्प हैं। इनमें कंडक्टर नहीं होते। ड्राइवर के पास एक स्वाइप मशीन लगी है और डॉलर डालने के लिए वेंडिंग मशीन भी। बीस मिनट के सफ़र का किराया दो डॉलर। यानी करीब 160 रुपया। और यकीन मानिए इसके बदले आपको टिकट भी नहीं मिलेगा। बस लगभग खाली है। अगली सीट पर बैठ जाता हूँ। सीट के पीछे अंग्रेज़ी में लिखा है—विकलांग और वृद्धजनों के आने पर कृपया सीट खाली कर दें।

याद दिला दूँ, यहाँ सीनियर सिटीजन का शब्द का इस्तेमाल 80 साल की उम्र के ऊपर के लोगों के लिए है। अगले स्टॉप पर बस रुकती है। अचानक ड्राइवर अपनी सीट से उठकर पीछे आता है। दो सीटों को फोल्ड करके वह थोड़ी जगह बनाता है। फिर ड्राइविंग सीट पर आकर बैठ जाता है। वह स्टेयरिंग के बगल

में लगे एक बटन को दबाता है। बैट्री से चलने वाली एक चेयर-साइकिल बस के दरवाज़े से अन्दर दाख़िल होती है। और वहाँ जाकर खड़ी हो जाती है जो जगह अभी कुछ देर पहले ड्राइवर ने उनके लिए खाली की थी। अश्वेत मार्टिन ने बताया कि उनका एक पैर दुर्घटना में चला गया था। तब से वह इस बैट्री चेयर पर है। अगले स्टॉप पर मार्टिन को उतरने के लिए ज़्यादा मशक्कत नहीं करनी पड़ती। वह दरवाज़े तक आते हैं। बस के स्टेयर लिफ्ट की तरह ऊपर आ जाते हैं। मार्टिन की बैट्री चेयर ख़ामोशी से नीचे फुटपाथ पर उतर आती है। स्टेयर वापस अपनी जगह फिक्स हो जाते हैं।

करीब तीस मिनट के बस के सफ़र के बाद मैं अब इनर हार्बर पर पहुँच गया हूँ। इनर हार्बर जाने की बात हुई तो किसी ने कहा रात में जाना ठीक नहीं। बाल्टीमोर में 70 फीसदी अश्वेत अमेरिकी हैं। अफ्रीकी मूल के। मन्दी ने एक सिरे से इन लोगों को बेकार कर दिया है। इस इलाके में लूट और चोरी-चकारी की वारदातें बढ़ी हैं। पर मेरे पास क्या है? एक क्रेडिट कार्ड और चन्द फुटकर डॉलर जेब में रख लेता हूँ। इनर हार्बर जाने के लिए सिटी बस मुझे चार्ल्स स्ट्रीट छोड़ देती है। इनर हार्बर का किनारा सामने दिख रहा है। हार्बर यानी समन्दर का कृत्रिम किनारा। एकदम साफ सुथरा। किनारे पर खड़े पानी के असली जहाज़ जिन्हें कृत्रिम लंगरों से बाँधकर रखा गया है। हवा में घुलती सी-फूड की महक और सूखी मछलियों के साथ बीयर की तेज गन्ध। आस-पास चारों ओर बनी विशालकाय इमारतों की रोशनियाँ इस पानी पर एक अजब-सा इन्द्रजाल पैदा कर रही हैं। बोस्टन, न्यूयॉर्क, बाल्टीमोर और वॉशिंगटन डीसी यह सारे शहर अटलांटिक महासागर से जुड़े हैं। दरअसल, बाल्टीमोर कभी अमेरिका का मुख्य बन्दरगाह हुआ करता था। अब आज वह शॉपिंग, मौज मस्ती और पर्यटन का केन्द्र है। बाल्टीमोर में तो जैसे यह महासागर शहर के भीतर तक पहुँच गया है। इसलिए इसे इनर हार्बर कहते हैं। ये ख़ूबसूरत और रंगीन ठिकाना है। कहते हैं ये दुनिया का पहला इनर हार्बर है जिसे पर्यटन के लिए विकसित किया गया। इसी की देखा-देखी कई देशों ने अपने यहाँ हार्बर के किनारों को ऐसें ही विकसित कर लिया। सिडनी का हार्बर तो जैसे इसकी फोटो कॉपी है। मजे की बात है कि इस अमेरिकी शहर बाल्टीमोर को 'ए सिटी ऑफ़ फर्स्ट' भी कहा जाता है। वह इसलिए कि यहाँ कई चीज़ें दुनिया या अमेरिका में पहली बार हुईं। मसलन दुनिया का पहला डेंटल स्कूल 1840 में बाल्टीमोर में खुला। दुनिया में पहली

टेलीग्राफ लाइन वॉशिंगटन डीसी और बाल्टीमोर के बीच 1844 में स्थापित की गई थी। अमेरिका में पहली छतरी का कारखाना 1828 में बाल्टीमोर में खुला। यहीं से संयुक्त राज्य डाकघर प्रणाली का उद्घाटन हुआ। बाल्टीमोर एक गैर-आपातकालीन हॉटलाइन के रूप में 311 सेवा को लागू करने वाला पहला शहर था। राष्ट्रपति जॉर्ज वॉशिंगटन, बाल्टीमोर के वॉशिंगटन स्मारक के लिए समर्पित पहला नागरिक स्मारक यहीं के माउंट वर्नोन में स्थित है। यहीं पहला सफल मानवयुक्त बैलून लॉन्च किया गया। अमेरिका का पहला पेशेवर खेल संगठन, द मैरीलैंड जॉकी क्लब यहीं बना। अमेरिका का पहला कैथोलिक गिरजाघर यहीं बना। बाल्टीमोर 1816 में हाइड्रोजन गैस का उपयोग करके अपनी सड़कों को रोशन करने वाला संयुक्त राज्य का पहला शहर था। और भी न जाने किन-किन चीज़ों में बाल्टीमोर सबसे अव्वल रहा।

बड़े जहाज़ जिन्हें अब शानदार रेस्त्राँ और बार का रूप दे दिया गया है। सी-फूड के शौक़ीनों के लिए यह जगह स्वर्ग है। शाम के ढलने के साथ नीले पानी का रंग ज़्यादा गहरा गया है। मैं एक बीयर लेकर एक जहाज़ के डेक पर बने ओपन रेस्त्राँ में बैठ गया हूँ। कुछ तली हुई मछलियाँ ऑर्डर की हैं जो अभी आती होंगी। तब तक आस-पास के नजारों का लुत्फ़ उठा रहा हूँ।

शाम अब पूरी तरह ढल चुकी है। जहाज़ों में रोशनियाँ जल गई हैं। कुछ देर पहले पानी बरसा था। पर अब बूँदाबाँदी बिल्कुल नहीं है। ठहरा हुआ शान्त नीला पानी...बहुत दूर तक। दुनिया भर की बेहतरीन वाइन यहाँ मुहैया है। दिन भर के काम धन्धे से फ़ारिग़ होकर लोग यहाँ अपने परिवार के साथ घूमने आते हैं। ठीक सामने मजमा लगा है। लोग हँस रहे हैं। करीब जाता हूँ। वहाँ इवान यंग का तमाशा चल रहा है। इवान की उम्र बामुश्किल 30 साल होगी। लाल जूते, लाल टाई और लाल कैप। वह खेल दिखाता है। छोटे-मोटे जादू और तमाशे। कभी फुटबॉल पर रखे पटरे पर खड़े होकर चाकू और जलती मशाल से खेलना तो कभी साइकिल पर करतब दिखाना। यह सब करते वक़्त अपनी मजेदार बातों से सबको हँसाना। बच्चे तो इवान के दीवाने हैं। इवान का तमाशा ख़त्म होता है। तमाशा देख रहे अभिभावक अपने छोटे बच्चों के हाथों से डॉलर इवान की बॉस्केट में डलवाते हैं। इवान की बॉस्केट डॉलरों से भर जाती है। इवान बताता है कि वह हाईस्कूल पास करने के बाद इस धन्धे में आ गया था। अमेरिका के कई शहरों में उसके शो चलते हैं। फिर वह बॉस्केट से डॉलर निकालकर अपने

बैग में ठूँसने लगता है। सब हँस रहे हैं। ख़ुश हैं। मजा कर रहे हैं। कोई हैरत की बात नहीं कि इस शहर को चार्म सिटी क्यों कहा जाता है।

अमेरिका में आपको खँडहर नहीं मिलेंगे। समृद्धि और भव्यता यहाँ की अत्याधुनिक इमारतों में साफ दिखती है लेकिन बदमिजाज़ अमेरिकी इतिहास को बचाए रखने की कला में माहिर हैं। सौ साल पहले यहाँ एक पावर प्लांट था। यहाँ कोयले से बिजली बनती थी। बिजलीघर पर अब तक लगीं ऊँची-ऊँची चिमनियाँ इसकी गवाह हैं। पावर प्लांट बन्द हो गया लेकिन इमारत ज्यों की त्यों है। पूरी इमारत निजी हाथों में सौंप दी गई। अब यह जगह इनर हार्बर में आकर्षण का केन्द्र बन गई है। मौज-मस्ती मे लेकर संगीत और खेल से लेकर अध्ययन तक सारी सुविधाएँ इस बन्द हो चुके पावर प्लांट की इमारत में मुहैया हैं।

इनर हार्बर का नीला पानी दूर से दिखता है। पावर प्लांट की ऊँची सी इमारत पर एक बड़ा सा गिटार टँगा है। नीचे लिखा है हार्ड रॉक। ये एक ओपन रेस्त्राँ है जहाँ रॉक संगीत को सुनने दूर-दूर से लोग आते हैं। रेस्त्राँ में बैठिए तो पूरा हार्बर का नज़ारा दिखेगा। सामने चल रहे तेज लाइव रॉक म्यूजिक का आनन्द लीजिए। ऊँची कुर्सियों पर बैठकर यहाँ कोई भी सी-फूड और बीयर या वाइन का लुत्फ़ ले सकता है। तेज शोर में भी काले रंग की शार्ट्स-टी शर्ट पहने ख़ूबसूरत बार बालाएँ आपकी पुकार सुन लेंगी। हमारे साथ गए डेनिस बताते हैं कि ये सब स्कूल में पढ़ने वाली लड़कियाँ हैं जो समर विकेशंस में रेस्त्राँ और बार में नौकरियाँ करती हैं। स्कूल खुल जाएँगे तो ये रेस्त्राँ कैसे चलेंगे? डेनिस बताते हैं कि यहाँ पार्ट टाइमर्स लड़कियों की कभी कमी नहीं रहती। इसी इमारत में बार्नेस एंड नोबल बुकस्टोर है और गोल्ड जिम भी है। इस बुक स्टोर और जिम की चेन पूरे अमेरिका में है। चिमनियाँ बन्द पड़ी हैं लेकिन इस प्लांट से पैदा होने वाली ऊर्जा अमेरिकियों की रगों में अब तक बह रही है। शाम गहरा गई है। वापसी में सिटी बस पर अधिकांश यात्री अश्वेत हैं। सामने एक अश्वेत महिला है, हाथ में बीयर का ग्लास लिये ऊँघ रही है। एक गोरा लड़का आई पैड पर वीडियो गेम में जुटा है। पीछे स्कूली लड़कियाँ बैठी आपस में हँस रही हैं। शायद बेसबॉल खेलकर लौट रही हैं। जो अकेले बैठे हैं उनके कानों में इयरफोन लगे हैं। वह शायद संगीत सुन रहे हैं। खाली कोई नहीं। अमेरिकी अपने ख़ुद के साथ अकेले रहना नहीं चाहते। शायद वह अपने आप से घबराते हैं। यही अमेरिका का सच है।

शाम अब पूरी तरह ढल चुकी है। रात 11 बजे के बाद वापसी की कोई बस नहीं। अमेरिकी पुलिसवाले से पूछता हूँ—'हापकिंस के लिए बस कहाँ मिलेगी।' वह बताता है कि चार्ल्स स्ट्रीट तक पैदल जाना होगा। जो करीब एक मील दूर है। सड़कों पर सन्नाटा गहरा गया है। शायद आधा बाल्टीमोर शहर सो चुका है। चार्ल्स स्ट्रीट की तरफ आगे बढ़ता हूँ। सड़क के किनारे बेंच पर काले अमेरिकी बैठे हैं। वे सब अजीब-सी निगाहों से घूर रहे हैं। मैं हिम्मत करके एक से पूछता हूँ—'कैम्पस के लिए बस यहीं से मिलेगी?' वह 'हाँ' में सिर हिलाता है। फिर अपनी सिगरेट जला लेता है। उसकी आँखें किसी अंगारे की तरह दहक रही हैं। मुझे लगा उसकी जेब में चाकू है। मैं दूसरी तरफ देखने लगता हूँ। सामने से 3 नम्बर की बस आती दिखती है। राहत की साँस लेकर मैं उसमें लपककर बैठ जाता हूँ। बस चल पड़ती है। मैं खिड़की से पीछे देखता हूँ। वो काला आदमी मुझे हाथ हिला कर बॉय कर रहा है।

बिन ब्याही बालिका वधू

बाहर अचानक तेज बारिश शुरू हो गई। सिटी बस की पिछली सीट पर यूनिवर्सिटी की पत्रिका बाल्टीमोर एडिशन के नए अंक को पलट रहा हूँ। डेनियल ने बताया था कि यह पत्रिका पूरे अमेरिका के कॉलेजों में बेहद लोकप्रिय है और मुफ्त बँटती है। एक लेख में मोटे अक्षरों में लिखा कमेंट देखकर ठिठक जाता हूँ—'सेक्स इन हाईस्कूल इज ए नॉर्मल थिंग विद डेस, एंड नॉट डिबेटेबिल।' यानी हाईस्कूल में सेक्स एक सामान्य चीज़ है और यह कोई बहस का मुद्दा भी नहीं। यह कमेंट बालिका वधू की तर्ज पर अमेरिका में चल रहे टीवी सीरियल 'द सीक्रेट लाइफ ऑफ़ द अमेरिकन टीनएजर की 16 साल की नायिका, शैलने वुडले का है।

यह टीवी शो हाईस्कूल के बच्चों पर केन्द्रित है जिसमें हाईस्कूल में पढ़ने वाली पन्द्रह साल की एक लड़की गर्भवती हो जाती है। इस सीरियल में तलाक, यौन उत्पीड़न की अभिशप्त स्मृतियाँ, प्रेम त्रिकोण और स्कूली जीवन की तमाम विसंगतियाँ हैं। आप फेसबुक सर्च पर देखिए 'द सीक्रेट लाइफ' को पसन्द करने वालों की गिनती 20 लाख के ऊपर पहुँच गई है।

अब मुद्दे पर आते हैं। अमेरिकी अभिभावक चिन्तित हैं कि कक्षाओं में बच्चे इस सीरियल पर चर्चा करते हैं। फेसबुक पर अपने विचार शेयर करते

हैं। अमेरिकी मित्र डेनियल की 16 साल की बेटी एशेले कहती है कि—'मुझे अच्छा लगता है जब सीरियल में मेरी उम्र के लोग सेक्स के बारे में बात करते हैं, मॉम-डैड के झगड़े और बॉय फ्रेंड्स के बारे में चर्चा करते हैं। हमारी उम्र के बच्चों में यही सब बातें तो होती हैं।' सीरियल में हाईस्कूल के बच्चों को शराब और ड्रग लेकर मस्ती करते दिखाया गया है। इस पर शैलने अपने इंटरव्यू में कहती है कि 'अल्कोहल और ड्रग हमारे हाईस्कूलों के कल्चर का एक अहम हिस्सा है।' जब उससे पूछा गया कि सीरियल की पूरी स्क्रिप्ट विवादित है तो वह कहती है, 'इसमें विवाद कैसा? सेक्स आज हाईस्कूल के लिए बेहद सामान्य चीज़ है। सबसे अच्छी बात है कि यह सीरियल पूरे परिवार के साथ बैठकर देखा जा रहा है और पसन्द किया जा रहा है।'

कॉलेज पत्रिका के अन्तिम पेज पर सेक्स पर सवाल-जवाब कॉलम है। जवाब देने वाली मैरीलेंड यूनिवर्सिटी की प्रोफेसर, एलिजाबेथ रॉबर्ट्स हैं। जाहिर है कॉलेज पत्रिका में सवाल पूछने वाले केवल युवा छात्र हैं। उनके सवाल देखिए। 'क्या तांत्रिक सेक्स से ठहराव कई घंटे तक हो सकता है? क्या तांत्रिक सेक्स को सीखना कठिन है?' सेक्स गुरु प्रोफेसर एलिजाबेथ कहती हैं—'नथिंग लाइक क्वांटिटी ओवर क्वालिटी।' यानी गुणवत्ता का लम्बे ठहराव से कोई मुकाबला नहीं। अगला सवाल जननेन्द्रियों के आकार पर आकर ठहरता है। सेक्स गुरु जननेन्द्रियों के आकार की वैश्विक और भौगोलिक सीमाएँ समझाती हैं। वे दिलचस्प तथ्य बताती हैं कि अफ्रीका में 5.3, यूरोप में 5.2 और एशिया में 4.9 सेंटीमीटर साइज के कंडोम बनते हैं। लेकिन अन्त में प्रोफेसर अपना अनुभव बताती हैं कि—'डज साइज मैटर एनीवे।' इस तरह के कई और सवाल हैं। *कॉलेज* पत्रिका मुझे जॉन्स हॉपकिंस यूनिवर्सिटी के फ्रंट डेस्क से मिली थी। आखिर अमेरिका के कॉलेज अपने बच्चों को क्या परोस रहे हैं? ठीक है कि अमेरिका का समाज खुला हुआ है। देह प्रदर्शन यहाँ की संस्कृति का हिस्सा है। शार्ट्स और सीने तक लापरवाही से खुला टॉप यहाँ लड़कियों को सबसे पसन्दीदा पहनावा है। खुले वस्त्रों में अमेरिकी युवा ज़्यादा सहज महसूस कर रहे हैं। यहाँ अब छुपाने के लिए कुछ नहीं है। लेकिन इसका असर अमेरिकी समाज और ख़ासतौर से नई पीढ़ी पर दिख रहा है।

कैसर फैमिली फाउंडेशन के सर्वे की ताजा रिपोर्ट से पूरा अमेरिका चिन्तित है। रिपोर्ट के मुताबिक स्कूलों में कक्षा 9 से 12 तक के आधे अमेरिकी बच्चे

सेक्स का अनुभव ले चुके हैं। 20 साल की उम्र तक पहुँचने से पहले 34 फीसदी लड़कियाँ एक बार ज़रूर गर्भवती हो चुकी हैं। सबसे खतरनाक तथ्य यह कि हर साल करीब चार लाख लड़कियाँ किसी न किसी तरह के यौन संक्रमण का शिकार होती हैं। डेनियल की तरह यूएस के लाखों अभिभावक चिन्तित हैं।

निगाहें बस पर चस्पा विज्ञापन पर ठहर जाती हैं। लिखा है—'क्या आपकी बेटी अवसाद की शिकार है?' पोस्टर पर चाइल्डहुड डिप्रेशन का ब्योरा है। नीचे एक मनोवैज्ञानिक का पता और फोन नम्बर दिया है। पत्रिका में छपी तस्वीर में मासूम शैलने की आँखों में अपनी बालिका वधू आनन्दी-सा भोलापन है। मैं आँखें बन्द कर लेता हूँ।

वॉशिंगटन डीसी

व्हाइट हाउस और सिगरेट का धुआँ

कुछ शहरों की पहचान सिर्फ अपने नाम से होती है। वॉशिंगटन डीसी अमेरिका के दूसरे बड़े शहरों से बिल्कुल अलग नहीं है। चौड़ी साफ चमकदार सड़कें, मजबूत पत्थरों के बने मंत्रालयों के दफ़्तर, कुछ अनमने से म्यूजियम, उदास गिरजाघर, थोड़े से हरे-भरे पार्क, ऊँची भव्य इमारतें और फुटपाथ पर शराब के नशे में पड़े हुए काले और गोरे भिखारी। लुटियन हिल्स पर बने हिन्दुस्तान के राष्ट्रपति भवन के आगे ओबामा का व्हाइट हाउस, आर्मी के किसी सबसे बड़े कमांडर के शानदार सफेद बँगले जैसा दिखता है। जॉर्ज वॉशिंगटन के नाम पर बसे इस शहर के कुछ इलाके तो एकदम नई दिल्ली जैसे हैं। लेकिन सत्ता और ताकत का प्रतीक बनकर यह शहर आज पूरी दुनिया पर हुक्म चला रहा है।

बाल्टीमोर से वॉशिंगटन डीसी का रास्ता केवल पचास मिनट का है। अमेरिका में वाहनों की तेज रफ्तार की एक ख़ास वजह यह भी है कि यहाँ नब्बे फीसदी सड़कें वन वे हैं। जब तक बड़ा एक्सीडेंट नहीं होता हाईवे पर जाम नहीं लगता। अमेरिका की राजधानी, वॉशिंगटन डीसी बहुतों के लिए सपनों का शहर है। लेकिन यहाँ सपनों का कोई वारिस नहीं। अंकल सैम की इस दुनिया में सपने देखने की इजाज़त किसी को नहीं।

टूरिस्ट कोच शहर में दाख़िल हुई तो देखा बड़े से पार्क के इर्द-गिर्द उनींदे लोग सुबह की सैर कर घर लौट रहे हैं। सड़क के किनारे सलीके से बने हुए घर। घर के बाहर फूलों की छोटी-छोटी क्यारियाँ। क्यारियों के आगे कार पार्किंग,

सड़क के बिल्कुल किनारे। बहुत थोड़ी देर में हम शहर के इनर सर्किल में दाख़िल हो गए। यह सर्किल कुछ कनॉट प्लेस जैसा है। और ठीक सामने एक विशालयकाय ऐतिहासिक टावर। अमेरिका के पहले राष्ट्रपति के नाम पर बने 'वॉशिंगटन मॉन्यूमेंट' की ऊँचाई 555 फुट है। संगमरमर और सेंडस्टोन से निर्मित इस स्तम्भ को बनाने में करीब 40 साल लग गए।

यह 1884 में बनकर तैयार हुआ। हमारे साथ चल रहे स्टीव ने बताया कि व्हाइट हाउस बस इसी मॉन्यूमेंट के करीब है। लेकिन आज वॉशिंगटन का पारा 35 डिग्री सेल्सियस से ऊपर है। सैलानियों की भीड़ तेज कदमों से वॉशिंगटन स्मारक की तरफ बढ़ रही है। फुटपाथ पर एक पेड़ के नीचे एक गोरा भिखारी पड़ा है। बढ़ी हुई खिचड़ी दाढ़ी, मैले कपड़े। किसी दयावान ने भीख में उसे एक सिगरेट दी है, जो उसके पेट के ऊपर पड़ी है। मुझे उम्मीद है कि उठकर सबसे पहले वह अपनी सिगरेट सुलगाएगा और उसका सारा धुआँ वह व्हाइट हाउस की सफेद दीवारों की तरफ हवा में उड़ा देगा।

अब हम पैदल मॉन्यूमेंट के करीब बढ़ रहे हैं। दूर आसमान में एक हवाई जहाज़ मॉन्यूमेंट के ठीक पीछे से गुजर रहा है। लग रहा है अभी टावर से टकरा जाएगा। टीवी पर देखा 9/11 का दृश्य जेहन में घूम जाता है। स्टीव बताते हैं कि 'ये कोई नई बात नहीं, एयरपोर्ट करीब होने से इस मॉन्यूमेंट टावर के पीछे से हर दस मिनट में एक हवाई जहाज़ गुजरता है। पर अब हम सतर्क हैं।' अब हम वॉशिंगटन स्मारक के ठीक नीचे खड़े हैं। स्मारक के दोनों तरफ पार्क हैं। बीच में व्यस्त यातायात की सड़क जो शहर के व्यस्ततम इलाके में जाती है। पार्क में दौड़ते बच्चे और घूमते-टहलते पर्यटक। एक बार लगा हम इंडिया गेट और राष्ट्रपति भवन के बीच कहीं खड़े हैं।

स्मारक से करीब 800 मीटर दूर हरे पेड़ों की झुरमुट में व्हाइट हाउस नज़र आता है। व्हाइट हाउस यानी दुनिया की सत्ता का केन्द्र। व्हाइट हाउस संयुक्त राज्य अमेरिका के राष्ट्रपति और उनके परिवार का घर है और अमेरिकी इतिहास का एक संग्रहालय भी है। हम व्हाइट हाउस की तरफ बढ़ते हैं। रास्ते में कहीं का कोई तलाशी नहीं। पर्यटकों को व्हाइट हाउस की सीढ़ियों तक जाने की इजाज़त है। यहाँ तक पहुँचने में किसी साधारण मेटल डिटेक्टर तक से नहीं गुजरना होता। अँगुलियों पर गिने जाने वाले सफेद वर्दी के सुरक्षाकर्मी बस रास्ता बताने का काम करते हैं। उनके हथियार भी मुश्किल से दिखते हैं। हमारे एक

अमेरिकी मित्र बताते हैं कि यहाँ सारी सुरक्षा अदृश्य है। लेकिन यह सच है कि यहाँ परिन्दा भी पर नहीं मार सकता।

अमेरिका के पहले राष्ट्रपति, जॉर्ज वॉशिंगटन ने 1791 में व्हाइट हाउस के लिए साइट का चयन किया था। एक आयरिश मूल के वास्तुकार जेम्स होबन का बनाया डिजाइन एक प्रतियोगिता में चुना गया था। फिर ये कई बार बना-बिगड़ा। राष्ट्रपति थियोडोर रूजवेल्ट ने 1901 में आधिकारिक तौर पर इसे व्हाइट हाउस नाम दिया। हमारे साथ आए गाइड ने बताया कि व्हाइट हाउस के रेजिडेंस में 132 कमरे, 35 बाथरूम और 6 स्तर हैं। 412 दरवाज़े, 147 खिड़कियाँ, 28 फायरप्लेस, 8 सीढ़ियाँ और 3 लिफ्ट भी हैं। इसकी रसोई में रात के खाने के लिए 140 से अधिक मेजबानों और 1,000 से अधिक मेहमानों के लिए भोजन परोसा जाता है। व्हाइट हाउस इतना बड़ा है कि इसकी बाहरी सतह को रँगने के लिए तकरीबन 570 गैलन पेंट की ज़रूरत पड़ती है।

अब हम व्हाइट हाउस के बिल्कुल पास खड़े हैं...हरे-भरे लॉन में। सामने सैंडस्टोन की बनी एक ख़ूबसूरत और भव्य इमारत है, इसमें जो रहता है, उसे दुनिया का सबसे ताकतवर आदमी माना जाता है। व्हाइट हाउस के मुख्य बरामदे में छह विशाल पिलर हैं। बीच में अमेरिका का झंडा लहरा रहा है। इसके आगे बढ़ने की फिलहाल हमें इज़ाजत नहीं। कुछ वक़्त पहले एक कॉन्फ्रेंस में व्हाइट हाउस में साइंस और टेक्नोलॉजी देखने वाली नीति विशेषज्ञ, हेलरी चेन से हमने ओबामा से मिलने की इच्छा जताई थी। उन्होंने कहा इसके लिए हमें एक लम्बी प्रक्रिया से गुजरना होगा जिसमें कई महीने लग सकते हैं। सामने दूर सफेद रंग की 'कैपिटल बिल्डिंग का करीब 287 फुट ऊँचा विशालकाय गुम्बद दिखता है जो अमेरिका की कांग्रेस यानी संसद है। वास्तुकला के लिहाज से यह इमारत व्हाइट हाउस से कई गुना सुन्दर और भव्य है। दुनिया यहीं से चलती है। शक्ति का केन्द्र, बेशक सम्मान का नहीं।

तो ऐसे बना अमेरिका सबसे बड़ा सौदागर

अजनबी शहरों में घूमने का एक अलग सुख होता है। तमाम बिखरे हुए चित्र स्मृतियों के कैमरे में अपने आप कैद होते जाते हैं। वॉशिंगटन की सड़क पर घूमते हुए महसूस किया कि यह शहर अपने आप में इतिहास का एलबम है।

अमेरिकियों के पास 500 साल से ज़्यादा पुराना इतिहास नहीं। इसलिए अमेरिकी हर बड़ी घटना को ऐतिहासिक बनाते हुए उसे अमरत्व प्रदान करने की कला में माहिर हैं। 23 स्ट्रीट पर नेशनल प्रेस क्लब की बहुमंजिला इमारत के पाँचवे तल की आर्ट गैलरी में पत्रकारिता के लिए दिए गए तमाम पुरस्कार और मेडल सजे हुए हैं।

दीवार पर पहली तस्वीर व्हाइट हाउस के रोज गॉर्डन के एक सफेद पिलर से सट कर खड़े सिर झुकाए बिल क्लिंटन की है। क्लिंटन ने पहली दफा मोनिका लेवेंस्की सेक्स स्कैंडल के लिए देश से माफी माँगी थी। एसोसिएट प्रेस के फोटोग्राफर, स्टाट एपिलवाइट की इस तस्वीर को 1996 में पुल्तिजर अवॉर्ड मिला था। अमेरिका ने इसे इतिहास का हिस्सा बना दिया।

नेशनल एयर एंड स्पेस म्यूजियम में अमेरिका ने अन्तरिक्ष विज्ञान से जुड़ी घटनाओं को सहेजकर रखा है। 1969 में इनसान ने पहली बार चाँद पर कदम रखा। चाँद पर पहुँचने वाला पहला शटल अपोलो-1 को म्यूजियम में रखा गया है। पूरे यान को लैमिनेट करके रखा गया है ताकि लोग यान को स्पर्श कर देख सकें। म्यूजियम में दाख़िल होते ही पूरी दीवार पर नील आर्मस्ट्रांग की भव्य तस्वीर लगी है। उसके हाथ में अमेरिका का झंडा लहरा रहा है। यह अलग बात है कि चाँद पर हवा नहीं है। चाँद पर झंडे के लहराने की गुत्थी अमेरिका आज तक नहीं सुलझा पाया है। हमारे साथ दूसरे मुल्कों से आए मित्र शॉपिंग करना चाहते हैं। हम शॉपिंग मॉल की तरफ बढ़ जाते हैं। अमेरिका में वॉल मार्ट, द गैलरी, बेस्ट बाई जैसे तमाम भव्य शॉपिंग मॉल हैं।

बाजार आश्चर्यजनक रूप से चीन और भारत में निर्मित वस्तुओं से पटा हुआ है। सुई से लेकर कम्प्यूटर तक पर 'मेड इन चाइना' लिखा हुआ है। पेंसिल, अगरबत्ती, इत्र जैसी चीज़ें मेड इन इंडिया हैं। हालाँकि गुणवत्ता के लिहाज से मेड इन चाइना का माल भारत में बिकने वाले चाइनीज माल से हज़ार गुना बेहतर है। लेकिन मेड इन चाइना का ठप्पा एशियाई देशों में अपनी विश्वसीयता खो चुका है।

अमेरिकी मित्र स्टीव बताते हैं कि 'हम एयर क्राफ्ट बनाते हैं। अत्याधुनिक चिकित्सा परीक्षण उपकरण बनाते हैं। साबुन, सोडा बनाने में हम अपनी ऊर्जा नष्ट नहीं करते।' सच तो यह है कि एयरक्राफ्ट और अन्य अत्याधुनिक उपकरणों के निर्माण के पीछे भी भारत और दक्षिण कोरिया जैसे मुल्कों के लोगों का दिमाग़ है।

मसलन एमआरआई मशीन बनाने वाली एक बड़ी कम्पनी ने जॉन हापकिंग्स यूनिवर्सिटी को करोड़ों डॉलर का एक प्रोजेक्ट दिया है। कम्पनी का मकसद अपडेटेड एमआरआई मशीन बनाना है। हापकिंग्स यूनिवर्सिटी ने विज्ञापन निकालकर दुनिया भर के एमआरआई विशेषज्ञों, शोधार्थियों और इंजीनियरों को अपने यहाँ मोटी सैलरी पर बुला लिया है। सब मिलकर एमआरआई मशीन को और अधिक अत्याधुनिक बनाने में जुटे हैं। भारतीय मूल के डॉ. निर्भय सिंह भी इसी टीम का हिस्सा हैं। उन्हें ऑस्ट्रेलिया से बुलाया गया है। डॉ. निर्भय कहते हैं कि 'अमेरिका हमारे दिमाग़ पर राज करता है। वह हमें खरीद लेता है मुँहमाँगे दाम पर। अब निजी कम्पनी इस मशीन पर मेड इन यूएसए का ठप्पा लगाकर पूरी दुनिया को मुँहमाँगी कीमत पर बेचेगी।'

अमेरिका में पेड़-पौधों की पत्तियों का हरा रंग आकर्षित कर रहा है। गहरा हरा रंग...शायद ये वसंत का असर है। चमकती धूप में भी हवा में एक ख़ास तरह का भारीपन है। दूर जैसे कहीं तेज बारिश हो रही हो। शायद हिन्दुस्तान में। नहीं। वहाँ की बरसाती हवाओं में मिट्टी की एक सोंधी महक होती है। वह महक यहाँ नहीं क्योंकि अमेरिकियों ने शहरों को कंक्रीट का जंगल बनाकर अपनी मिट्टी को लकड़ी के चिप्स और बुरादे से छुपा दिया है।

न्यूयॉर्क

यानी लुटेरों और पॉकेटमारों का शहर

न्यूयॉर्क तेजी से दौड़ता एक शहर। ऊँची-ऊँची गगनचुम्बी इमारतें...चमचमाते शो रूम। बड़ी स्क्रीन पर लहराते विज्ञापन। बसें, ट्रामें और पीले रंग में रंगी टैक्सियाँ। सड़कों पर तेजी से आगे बढ़ते काले-गोरे फैशनपरस्त लोग, चोर, गिरहकट, पॉकेटमार और लुटेरे। हर तरफ डरा देने वाला भीड़ का सैलाब। न्यूजर्सी की तरफ न्यूयॉर्क सिटी में दाख़िल होने में दो घंटे लग गए। अँधेरे भूमिगत टनलों में अक्सर जाम लग जाता है। कई टनलों को पार करने के बाद न्यूयॉर्क सिटी में दाख़िल हुए तो एक ख़ूबसूरत शहर सामने है।

सुबह के वक़्त सड़क के दोनों तरफ कचरा उठाने वाली गाड़ियाँ फुटपाथ पर रखे कूड़े के पॉलीथिन बैग को इकट्ठा कर रही हैं। कहीं कोई गन्दगी नहीं। इस शहर में मोहल्लों के नाम नहीं। उनकी पहचान स्ट्रीट नम्बर होती है। 33 स्ट्रीट में आयोजित सेमिनार के मुख्य अतिथि शहर के मेयर ब्लूमबर्ग हैं। ब्लूमबर्ग कहते है—'मेरे अनोखे शहर में आप सबका स्वागत है।' इस अनोखे न्यूयॉर्क शहर में समुद्री हार्बर नदी में तब्दील हो गया है। इस नदी के समानान्तर एक सड़क सीधे स्टेच्यू ऑफ लिबर्टी की तरफ जाती है।

हार्बर के उस पार भी दूर-दूर तक भव्य ऊँची इमारतें दिखती हैं। नीला समुद्री पानी का हार्बर न्यूयॉर्क शहर को दो हिस्सों में बाँटता है। स्टेच्यू ऑफ़ लिबर्टी इसी हार्बर के बीच एक छोटे से टापू पर बना है। यह टापू शहर की इमारतों के पीछे छिप गया है। रोम में आजादी की देवी का नाम है लिबर्टी। आजादी की देवी की वह विशाल मूर्ति इस सड़क से नहीं दिखती। टैक्सी हमें नदी के

उस छोर पर उतारती है, जहाँ दूर स्टेच्यू ऑफ़ लिबर्टी दिखाई देती है। वहाँ तक जाने के लिए हमें छोटे जहाज़ का टिकट लेना होगा। लेकिन इस तरफ एक पूरा पिकनिक स्पॉट बस गया है।

पार्क में स्ट्रीट प्ले चल रहा है। भीड़ इस नाटक के मजे ले रही है। जींस टीशर्ट पहने एक लड़की ठीक सामने आ जाती है। वह ओबामा कंडोम बेच रही है। पैकेट पर बराक ओबामा की तस्वीर है। वह बताती है कि अमेरिका में यह कंडोम बहुत लोकप्रिय है। वह बताती है कि यह कंडोम बिल्कुल असली है और फूड एंड ड्रग अथॉरिटी से बाकायदा पंजीकृत है। हालाँकि वह यह भी कहती है कि अन्य कंडोमों की तरह इसकी भी कोई गारंटी नहीं है। दरअसल, यह कंडोम ओबामा के विरोधियों ने उनकी लोकप्रियता को कैश करने के लिए निकाला है। इसके खिलाफ वहाँ की अदालत में मुकदमा भी चल रहा है। लेकिन ओबामा कंडोम सरेआम बिक रहा है। मैं उस लड़की की तस्वीर खींचना चाहता हूँ तो वह अपना चेहरा छिपा लेती है। वह नहीं चाहती कि कंडोम बेचते वक़्त कोई उसकी तस्वीर ले।

पानी के जहाज़ का 20 मिनट का सफ़र तय कर अब हम लिबर्टी की विशालकाय प्रतिमा के ठीक करीब खड़े है। अंग्रेज़ों के खिलाफ चले स्वाधीनता संग्राम में फ्रांस ने अमेरिका की मदद की थी। अंग्रेज़ों को यहाँ से खदेड़ने के बाद फ्रांस ने यह प्रतिमा अमेरिका को तोहफे में दी थी। लिबर्टी के एक हाथ में स्वाधीनता की मशाल है। अमेरिका या कहें न्यूयॉर्क की पहचान बन चुकी यह प्रतिमा उससे कहीं ज़्यादा भव्य है जितनी हॉलीवुड की फिल्मों में दिखाई देती है।

लिबर्टी द्वीप से लौटकर इस वक़्त हम लोअर मैनहट्टन के ब्राड-वे स्ट्रीट पर चल रहे हैं। यह न्यूयॉर्क की व्यस्ततम सड़कों में एक है। फुटपाथ पर हज़ारों लोग तेजी से आगे बढ़ रहे हैं। सड़क के दोनों तरफ दुकानों के शो रूम। सड़क की दाईं तरफ एक गलीनुमा रोड नीचे की ओर गई है। यह मशहूर वॉल स्ट्रीट है। न्यूयॉर्क का मशहूर स्टॉक एक्सचेंज। सोचकर हैरत होती है कि पूरी दुनिया को मन्दी में ढकेलने में यह मामूली-सी गली किस हद तक जिम्मेदार है।

हॉस्टल में लौटता हूँ तो नोटिस बोर्ड पर नज़र पड़ती है जिसमें बताया गया है कि बीती रात किसी लुटेरे ने एक व्यक्ति की चाकू मार कर हत्या कर

दी। हमें सलाह दी गई कि रात आठ बजे के बाद कैम्पस के बाहर न निकलें। अगर कोई लुटेरा चाकू दिखाकर आपसे पर्स, घड़ी या चेन माँगे तो चुपचाप सब चीज़ें निकालकर उसके हवाले कर दें। नोटिस बोर्ड पर इस मासूम सलाह को पढ़कर दिल भर जाता है। इस नामुराद शहर में रात को घूमने से बेहतर है सो जाइए।

साउथ अफ्रीका

डरबन

गिरमिटिया गांधी की प्रयोगशाला

हिन्द महासागर का एक किनारा केरल को छूता है, दूसरा किनारा डरबन को। बीच में गहरे नीले पानी का विशालकाय समन्दर। लहरों से उठने वाला संगीत आपको मंत्रमुग्ध कर देगा। नीले आसमान के नीचे काले बादलों का टुकड़ा कभी भी अचानक पूरे शहर को घेर लेता है। समुद्री हवाओं में नमी बढ़ जाती है और ठंडक भी। नमकीन पानी का एक हल्का सा नशा जैसे पूरे शहर पर तारी हो जाता है।

डरबन की ख़ूबसूरत सड़कों पर आपको हब्शी मिलेंगे या फिर हिन्दुस्तानी। ये हिन्दुस्तानी वे हैं जो गांधी के दक्षिण अफ्रीका आने से पहले और बाद में यहाँ आए और यहीं के होकर रह गए। अफ्रीका की जलवायु इनकी शक्ल सूरत नहीं बदल पाई। इन्हें हिन्दी नहीं आती। इनके नाम भी हिन्दुस्तानी नहीं हैं। इनके पासपोर्ट साउथ अफ्रीका के हैं और नागरिकता भी। लेकिन ये ख़ुद को हिन्दुस्तानी कहना ज़्यादा पसन्द करते हैं। अक्सर सोचता था आखिर हिन्दुस्तानी हज़ारों मील दूर अपना देश छोड़कर यहाँ कैसे आए होंगे?

ये वह ज़माना था जब यहाँ की जमीनों पर अंग्रेज़ों ने उपनिवेश बनाकर कब्जा कर लिया था। एक यहाँ यूरोप से मिलता-जुलता मौसम और दूसरा चाय-कॉफी की पैदावार के लिए अच्छी जमीन। जैसे यहाँ खेतों में पैसा छापने वाली मशीन लगी हो। लेकिन जमीन होना काफी नहीं था। उन्हें मजदूर भी चाहिए थे जो खेती किसानी कर सकें। यहाँ रहने वाले मूल निवासी जुलू हब्शी थे जिनकी ख़्वाहिशें बहुत ज़्यादा नहीं थीं। हब्शियों के साथ अच्छी बात ये है कि आप उन्हें काम करने के लिए मजबूर नहीं कर सकते। वे मूडी और मस्त होते हैं। शाम को शराब

का इन्तजाम हो जाए इतना ही बहुत है। अंग्रेज़ों ने तब हिन्दुस्तान में राज कर रही ब्रिटिश हुकूमत को खत लिखा और कहा कि हमें हिन्दुस्तान से मजदूर चाहिए। और अंग्रेज़ों ने हिन्दुस्तानी मजदूरों से भरा जहाज़ इसी हिन्द महासागर के रास्ते डरबन भेज दिया। ये उस वक़्त की बात है जब महात्मा गांधी पैदा भी नहीं हुए थे।

ये मजदूर डरबन में पाँच साल के एक एग्रीमेंट के तहत आए हुए थे। इनमें ज़्यादातर पूर्वी यूपी के लोग थे। इन्हें एग्रीमेंट कहने में दिक्कत होती थी सो इसे वे 'गिरिमेंट' कहने लगे। और कुछ ही सालों में ये गिरमिटिया कहलाने लगे। बड़ी संख्या में हिन्दुस्तानी मजदूरों के साउथ अफ्रीका जाने की खबर लगी तो हिन्दुस्तानी व्यापारियों के भी कान खड़े हो गए। पीछे से वे भी कारोबार करने दक्षिण अफ्रीका पहुँच गए। अब्दुल्ला सेठ इन्हीं में से एक थे जिन्होंने गांधी को अपने धन्धे के बारे में कानूनी सलाह लेने के लिए और उनके वकीलों की मदद के लिए बुलाया था। इनके पीछे अकाउंटेंट और मुनीम टाइप के लोग डरबन पहुँच गए। और देखते-देखते ये डरबन के बड़े कारोबारी बन गए। अंग्रेज़ों को इससे दिक्कत हुई। उनकी समस्या सिर्फ ये हिन्दुस्तानी व्यापारी नहीं थे बल्कि वे गिरमिटिए भी थे जो पाँच साल का एग्रीमेंट ख़त्म होने के बाद यहीं जमीन का एक छोटा-सा टुकड़ा खरीदकर बस गए और कुछ ही सालों में अपनी मेहनत से स्वतंत्र व्यापारी बन गए। ये फ्री इंडियन की श्रेणी में आ गए। अंग्रेज़ कारोबारियों ने इस चलन की मुख़ालफ़त की और गोरी सरकार के जरिये गिरमिटियों के खिलाफ कानून बनाने की मुहिम चला दी।

साउथ अफ्रीका में महात्मा गांधी की जो भी लड़ाई थी वह इन्हीं गिरमिटियों और फ्री इंडियन के अधिकारों के लिए थी। वहाँ पहली बार किसी हिन्दुस्तानी ने अपने लोगों के हक की बात उठाई और देखते ही देखते वह आदमी न सिर्फ साउथ अफ्रीका बल्कि हिन्दुस्तान और फिर लंदन का हीरो बन गया। गांधी तो भारत लौट गए लेकिन बाकी गिरमिटिया और फ्री इंडियन वहीं बस गए। अब आज इनकी सन्तानें साउथ अफ्रीका की ज़िन्दगी और अर्थव्यवस्था का एक अहम हिस्सा बन गई हैं। यहाँ के मूल निवासी जुलू हब्शियों के साथ इनके रिश्ते हमेशा से सौहार्दपूर्ण रहे हैं। ये अलग बात है कि आपसी बातचीत में वे उन्हें आज भी काले ही कहते हैं। लेकिन इनके हालात अब वैसे नहीं जैसे अंग्रेज़ों के जमाने में थे। चाय-कॉफी की खेती ने इन्हें भी सम्पन्न बना दिया। कुछ हब्शियों के खेतों में सोने और हीरों की खानें निकल आईं। आज वे करोड़पति बन गए

हैं। अब अफ्रीका में होकर भी डरबन किसी भी दूसरे यूरोपीय देशों जैसा दिखता है। हालाँकि यहाँ की इमारतें पाश्चात्य शैली की नहीं बनीं और न ही यहाँ यूरोप की तरह सड़कों पर गोरे लोग घूमते दिखेंगे। लेकिन यहाँ के हब्शियों ने दिखा दिया कि सभ्यता किसी के त्वचा के रंग की मोहताज नहीं। वे भी उतने सभ्य और शालीन हैं जितने अंग्रेज़ ख़ुद को समझते हैं। यह उस मानसिक गुलामी से आजादी है जिससे हम कई बार चाह कर भी मुक्त नहीं हो पाते।

अपनी किताब *महात्मा गांधी : ब्रह्मचर्य के प्रयोग* लिखते वक़्त मेरी बड़ी इच्छा थी कि एक चक्कर साउथ अफ्रीका का लगा लूँ। सोचा देखूँ तो सही वह कौन सी जमीन है जो एक नाकाम वकील को महात्मा बना देने की क्षमता रखती है। लेकिन तब मौका नहीं मिला। हिन्दुस्तानी लेखक अमूमन दरिद्र होते हैं इसलिए वह कल्पना की उड़ान से नीचे नहीं उतर पाते। ज़्यादातर हिन्दुस्तानी प्रकाशक जहनी तौर पर उससे भी ज़्यादा दरिद्र होते हैं। उनका पूरा धन्धा झूठ फ़रेब, मक्कारी और लेखकों के शोषण पर चलता है। अफ्रीका मेरे लिए हमेशा एक रहस्यपूर्ण देश रहा है। भारत को यूरोपियंस ने अगर सपेरों और मदारियों का देश कहा तो अफ्रीका को मैं भयावह जंगल, डरावने विशालकाय जानवरों और ख़ौफ़नाक हब्शियों की दुनिया समझता आया हूँ। भूमध्य रेखा ठीक अफ्रीका के बीच से गुजरती है। यानी यहाँ सूरज की सीधी किरणें न सिर्फ आपके जिस्म बल्कि भीतर आपकी आत्मा को भी झुलसा देती हैं। और ये किरणें न केवल आपकी त्वचा के रंग को अँधेरी रात की तरह काला कर देती हैं बल्कि त्वचा को भेद कर वो आपके डीएनए का रंग भी बदल देती हैं।

लेकिन गनीमत है साउथ अफ्रीका में ऐसा नहीं है। क्योंकि ये अफ्रीका प्राय:द्वीप के धुर दक्षिण छोर पर, समन्दर के किनारे है। और ये महासमन्दर हिंद महासागर के नाम से जाना जाता है। जाहिर है हिन्दुस्तान की खोज करने वालों ने इसे ये नाम दिया होगा। आप दुनिया के नक़्शे में देखिए तकरीबन एक तरह पूरा अफ्रीका और दूसरी तरफ थाईलैंड, मलयेशिया और फिर ऑस्ट्रेलिया हिन्द महासागर के किनारे बसा है। पूरे अफ्रीका के भूखंड में दस हिन्दुस्तान समा जाएँ। फिर भी इस महासागर का नाम हिन्द के नाम से जोड़ा गया। आप इस विचार को मेरी नामुराद राष्ट्रवादी मानसिकता से जोड़ सकते हैं। लेकिन जो सच है वह कभी न ख़त्म होने वाले नीले समन्दर के रूप में मेरे सामने है। मेरा और आपका देश, इस हिन्द महासागर से कम विशाल नहीं।

तो हम साउथ अफ्रीका की बात कर रहे थे। डरावनी भूमध्य रेखा यहाँ से बहुत दूर उत्तर में है। यहाँ का मौसम मस्त है। यही वजह है कि अंग्रेज़ों और डच जैसी दूसरी यूरोपीय जातियों ने यहाँ ठिकाना बनाया। जलवायु यहाँ सूखी है और मौसम ख़ुशनुमा। बहुत कुछ शिमला जैसा या फिर मुम्बई जैसा बस वहाँ थोड़ी ठंड और बढ़ा दी जाए।

एक ज़माना था जब दक्षिण अफ्रीका में सिर्फ दो जातियों का राज था। एक अंग्रेज़ों का और दूसरा पुर्तगालियों का। पुर्तगाली हिस्सा डेलागोआ-बे कहलाता है और उसका इसी नाम का बन्दरगाह हिन्दुस्तान से जाते वक़्त रास्ते में आने वाला पहला बन्दरगाह है। उसके बाद नेटाल आता है। यह अफ्रीका में अंग्रेज़ों का पहला उपनिवेश था। इसके बन्दरगाह का नाम भी पोर्ट नेटाल के नाम से जाना जाता था। जो बाद में डरबन नाम से मशहूर हो गया। डरबन नेटाल का सबसे बड़ा शहर है। नेटाल की राजधानी पीटर मैरिट्सबर्ग हैं, जिसके स्टेशन पर मोहनदास करमचंद गांधी को एक गोरे टीटी ने ट्रेन के फर्स्ट क्लास से धक्के मार कर बाहर निकाल दिया था क्योंकि उनका रंग गोरा नहीं था।

मौका लगा तो वहाँ ज़रूर जाऊँगा। जानता हूँ वहाँ अब सब कुछ बदल गया होगा। उस दिन अख़बार में मोदी की तस्वीर देखी, वह उसी ट्रेन पर यात्रा कर रहे थे। लेकिन सब कुछ बहुत बनावटी दिख रहा था। एक यूनानी कहावत है कि आप एक ही नदी में दोबारा नहीं उतर सकते। जिस नदी में आपका पहला पाँव पड़ता है ठीक उसी नदी में आप दूसरा पाँव नहीं रख सकते क्योंकि तब तक उसका पानी काफी आगे निकल गया होता है। सोचता हूँ उस गोरे टीटी ने उस रात अगर गांधी को ट्रेन से बाहर न फेंका होता तो क्या भारत का वही इतिहास होता जो आज है? कभी सोचिएगा।

वूगी-वूगी

आज घूमने का कार्यक्रम बन गया। दोपहर का चमकदार सूरज लेकिन हवाओं में चाँदनी-सी ठंडक है। ये धूप मुझे शिमला की याद दिला रही है। यहाँ सर्दियों के दिन चल रहे हैं। लेकिन ठंड का नामोनिशान नहीं। पीटर मैरिट्सबर्ग से आगे हम उस जगह की तरफ बढ़ रहे हैं जहाँ नेल्सन मंडेला को 27 साल कैद में रखा गया था। ड्राइवर ने हाईवे के बीच जहाँ शटल रोकी है। वह कोई फूड जंक्शन

लगता है। लेकिन साउथ अफ्रीका के लोगों के लिए शायद ये कोई पिकनिक स्पॉट है। बीच में एक बड़ा पार्क जिसमें नरम हरी घास की चादर बिछी है। ऊपर आसमान में बादल के टुकड़े। बच्चों के लिए झूले हैं। पीछे गुलाबी ड्रेस में पिकनिक मनाने आईं कुछ स्कूली लड़कियों की खिलखिलाहट। पार्क के किनारे-किनारे हाट्सनुमा दुकानें। सजावटी सामान, ख़ुशबू, किताब और शराब की दुकानें। यहाँ एक आर्ट गैलरी भी है। जहाँ बाहर बाँस के खपच्चियों से बने मनुष्य और घोड़े की आकृतियाँ आपका स्वागत करती नज़र आएँगी। ओपेन रेस्त्राँ में गर्म खाने की ख़ुशबू आपकी भूख को और गहरी कर देती है। यहाँ एक पिज्जा शॉप भी है। स्थानीय महिलाएँ एकदम गर्म पिज्जा आपको एक बड़े से अवन से निकालकर परोसेंगी। लेकिन अभी मेरा पिज्जा खाने का बिल्कुल मूड नहीं। पिछली यात्रा में इटली के मिलान में ऐसा ही पिज्जा खाने के बाद मैं काफी निराशा हुआ था क्योंकि इनका स्वाद हमारे हिन्दुस्तानी पिज्जे से काफी अलग और बेस्वाद होता है।

पूरे फूड जंक्शन का एक चक्कर लगाने के बाद में एक दूसरे खुले रेस्त्राँ के बाहर पड़ी बेंच पर बैठ जाता हूँ। इस रेस्त्राँ का नाम है पिगली-उगली। ऊपर छत सिर्फ लकड़ी के लट्ठों की है यहाँ से धूप छन कर मेरे खाने की मेज पर बिखर रही है। यहाँ हल्की गर्मी है जैसा कि जाड़े की धूप में अक्सर होती है। वह त्वचा को भेदकर अन्दर तक आपको गर्माहट दे जाती है। मैं यहाँ अकेला हूँ लेकिन ये अकेलापन मुझे सुखद लग रहा है क्योंकि मैं बेकार की बातचीत में वक़्त जाया किए बगैर इस पूरे वातावरण को महसूस कर सकता हूँ। उस युवा अश्वेत वेटर चिनिया से बातचीत करते वक़्त मुझे पता चला कि यहाँ का पुर्तगीज चिकन बहुत मशहूर है। जैसा कि मैंने शुरू में बताया था ये पूरा इलाका एक जमाने में पुर्तगालियों के कब्जे में था। जिसे अंग्रेज़ों ने बोअर के युद्ध में जीत लिया था। लेकिन इस स्वादिष्ट पुर्तगाली व्यंजन से अंग्रेज़ हार गए थे। पुर्तगीज चिकन के साथ अजीब से नाम के स्नैक्स के लिए चिनिया ने मुस्कुराते हुए मुझे दो विकल्प दिए। इनमें से एक मुझे चुनना था। मैंने चिनिया से पूछा—अगर वह मेरी जगह होती तो इन दोनों में क्या चुनती? उसने बगैर सोचे और हँसते हुए कहा—वूगी-वूगी। मैंने कहा—ओके गो अहेड। और यकीन जानिए थोड़ी देर में हरी सलाद से भरी प्लेट में वह मेरे लिए जो व्यंजन ले आई उसे मैं जीवन भर नहीं भूल सकता। सजे हुए पत्ता गोभी में पनीर, प्याज, टमाटर, गाजर के टुकड़े

और कॉर्नफ्लोर के डीप फ्राई रिंग यानी चिनिया की पसन्द वूगी-वूगी वाकई लाजवाब है। थैंक्स चिनिया। तो फिलहाल आप मुझे इस स्वादिष्ट व्यंजन का लुत्फ़ लेने दीजिए और आप इन तस्वीरों से काम चलाइए।

वो गिरमिटिया

और इनका नाम बदरुद्दीन मदारी। उम्र 63 साल। डरबन की मशहूर विक्टोरिया स्ट्रीट में इनकी हिन्दुस्तानी मसालों और चमड़े के बैग्स की दुकान है। दुकान का नाम है—मदारी एंड संस। 1857 के दौर में इनके पूर्वज गुजरात के मदारी हुआ करते थे। सड़कों के किनारे, मेले-ठेले में खेल दिखाया करते थे। इसी खानदान के कोई सज्जन एक सेठ के यहाँ मुनीम बन गए। उन दिनों साउथ अफ्रीका में अब्दुल्ला सेठ का बड़ा जलवा हुआ करता था। वे बड़े व्यापारी थे। उनसे प्रेरणा लेकर कई अन्य सेठों ने साउथ अफ्रीका में अपना धन्धा चमकाया। सेठ गए तो अपने साथ मुनीम मदारी को भी ले गए। मुनीम हबीब ने मुनीमी छोड़कर डरबन में अपना धन्धा शुरू कर दिया। भारत के मसालों का। तब से तीन पीढ़ियाँ बीत गईं। अब डरबन में इस मदारी खानदान का बड़ा नाम है। कई बिजनेस हैं। बड़ी दुकानें हैं। काफी जमीनें हैं। कई खेत भी थे जहाँ अब नेशनल हाईवे बन गया। यहाँ हाईवे की जमीन शहर से भी महँगी है क्योंकि यहाँ शहर में कोई शॉपिंग मॉल नहीं। सारे शॉपिंग कॉम्प्लेक्स हाईवे के किनारे हैं। आप सिर्फ हाईवे पर ही शॉपिंग मॉल बनवा सकते हैं। यानी मदारी साहेब की जमीन अब करोड़ों डॉलर की हो गई हैं। लेकिन इस विक्टोरिया स्ट्रीट की इस दुकान से उन्हें बहुत लगाव है। वह यहीं बैठते हैं। डरबन में जन्म लेने और ज़िन्दगी गुजारने के बावजूद गुजरात उनके दिल से नहीं उतरा। वेशभूषा और दिल दोनों गुजराती। हिन्दी, गुजराती और अंग्रेज़ी तीनों भाषा फर्राटे से बोलते हैं। खैर हमारी बातचीत मोदी को लेकर शुरू हुई। तो वो ख़ुश थे कि उनके गुजरात का कोई बन्दा भारत का प्रधानमंत्री है। और गोधरा? हँसते हुए बदरुद्दीन कहते हैं—वह पुरानी बात हो गई। समझदार गुजराती हमेशा आगे की सोचता है। आपका जन्म डरबन में हुआ लेकिन दिल आज भी हिन्दुस्तान में धड़कता है? कैसे न धड़के। हमारे सारे पीर, फ़कीर, औलिया सब वहीं हैं। चार पैसा आता है तो घर और खेत बँट जाते हैं लेकिन मदारी खानदान डरबन में एक साथ मिलकर कारोबार कर रहा है। उन्होंने

मुझे हाथ में लिये नोट दिखाते हुए कहा—ये सबसे बड़ा शैतान है जो भाई-भाई को अलग कर देता है। और उससे भी बड़ा शैतान वह (डॉलर) है जो मैंने अभी आपको दिया है (अभी कुछ देर पहले मैंने उन्हें रैंड (साउथ अफ्रीकन करेंसी) देकर उसके बदले डॉलर एक्सचेंज किए थे।)।

डरबन में मेरा होटल हिन्द महासागर के ठीक किनारे है। रात भर समन्दर की लहरों का अनोखा और रहस्यमय संगीत आपकी नींद को और गहरी कर देता है। आज सुबह छह बजे नींद खुल गई। कमरे की बालकनी से सामने जो नज़ारा देखा उसे शब्दों में बयाँ कर पाना मेरे लिए तकरीबन नामुमकिन है।

हिन्द महासागर की रेत हमारी गंगा की रेती जैसी है। बारीक, महीन और नर्म। फ़र्क़ ये है कि सूरज की तेज किरणें उन रेतों को अंगारे से भी ज़्यादा गर्म बना देती हैं। संगम पर सिर्फ मैं सौ मीटर चला था और पाँव में छाले पड़ गए थे। लेकिन इस महासागर की रेती पर बर्फ सी ठंडक है। आप लहरों से जितना पीछे हटेंगे वह उतनी तेजी से आपके पीछे भागेंगी। और अगर आप लहरों की तरफ आगे बढ़ेंगे तो वे तेजी से लौटने लगेंगी। लहरों के बीच रेत पर आप अगर मौन खड़े होंगे तो वे आपको अपनी तरफ खींचने लगेंगी। आज अल सुबह होटल से निकलकर किनारे पहुँच गया। सूरज अभी निकल ही रहा था। समुन्दर का ये किनारा अकेले तैरने के लिए मुफ़ीद नहीं। दूर-दूर तक कोई नहीं है। मेरा कोई इरादा लहरों की तरफ जाने का नहीं था। मैं सिर्फ भारत की सीमा से आ रही इन लहरों को छूना चाहता था। उन्हें महसूस करना चाहता था। लेकिन लहरों ने मुझे कब आपने पास बुला लिया इसका पता ही नहीं चला।

आज ख़ुद को रोक नहीं सका। सुबह साढ़े पाँच बजे कैमरा लेकर महासागर की तरफ निकल आया। यहाँ हर तरफ एक नीला अँधेरा है। मैं जानता हूँ इस अथाह समन्दर और उसके पीछे दिख रहे बादलों के कहीं और पीछे से सूरज अभी आएगा। तब उफनाते हुए सागर की लहरों को किरणों के साथ कहीं पकड़ लूँगा। ये छोटी-छोटी मासूम चाहें आपको कहीं अन्दर तक अभिभूत कर देती हैं। और बताती हैं कि इस विराट प्रकृति के आगे आप कितने क्षुद्र हैं। ये सूरज, ये धूप, बादल, पहाड़ और ये समन्दर,सब सदा से आपके करीब हैं। लेकिन इस मायावी दुनिया में आपने ख़ुद को इनसे कितना दूर कर लिया है।

एशिया : अरबों के देश में

दुबई

डरावना रेगिस्तान और दोस्तों का दुबई

लखनऊ से पाकिस्तान और फिर अरब सागर पार करते हुए दुबई का सफ़र सचमुच दिलचस्प है। अरब सागर पार करें तो हवाई जहाज़ से नीचे डरावना रेगिस्तान साफ दिखने लगता है। ये रेगिस्तान फिल्मों में दिखने वाला साफ सुथरा और सलीकेदार नहीं है बल्कि ये सीमेंट जैसी काली परतदार रेत का रेगिस्तान है जिसमें रेत की गहरी और ख़ौफ़नाक खाईयाँ हैं। ये बहुत नया रेगिस्तान है जहाँ कभी अरब सागर रहा होगा। दूर-दूर तक सिर्फ सन्नाटा। सभ्यता का कहीं कोई नामोनिशान नहीं। न कोई दरख़्त, न पौधा, न हरियाली, न परिन्दे, न ज़िन्दगी का कोई और नामो निशान। जहाज़ की खिड़की से इस रेगिस्तान को देखते हुए जिस्म कई दफा इस ख़याल से सिहर गया कि खुदा न खास्ता कोई ग़रीब यहाँ इस वीराने में फँस जाए तो उसका क्या अंजाम होगा?

लेकिन जहाज़ जैसे दुबई के आसमान पर पहुँचा तो नज़ारा बदला हुआ था। एक तरफ ईरान दूसरी ओर इराक और तीसरी तरफ सऊदी अरब। इन तीन देशों के ठीक बीच पर्शियन गल्फ में समन्दर के किनारे दुनिया की सबसे शानदार और ख़ूबसूरत इमारतों का जंगल। दुबई के अल-मकदूम इंटरनेशनल एयरपोर्ट पर एयर इंडिया एक्सप्रेस का थका हुआ जहाज़ हाँफते-हाँफते सही पर वक़्त से थोड़ा पहले पहुँच गया। सामने इमीग्रेशन काउंटर पर सिर से पाँव तक अरब के परम्परागत सफेद लिबास में लिपटे इमीग्रेशन के अफ़सर। काउंटर पर काले लिबास में दो महिला अफ़सर बैठी हैं। सबके सिर ढँके हुए हैं। लेकिन चेहरे पर बुर्का नहीं। वे मर्दों से भी डील कर रही हैं। फितरत से सब के सब सरल और

सहज। न सिक्योरिटी का तामझाम, न तलाशी की दहशत। मेरे पास वीजा की सिर्फ फोटो स्टेट कॉपी है। पासपोर्ट देखने के बाद उस अरबी अफ़सर ने उसी फोटो स्टेट वीजा पर ठप्पा लगाया और अरबी में कुछ बोला जिसका मतलब था—'दुबई में आपका स्वागत है।' दुबई का ये एयरपोर्ट दुनिया का अकेला एयरपोर्ट है जहाँ आप सिर्फ 20 सेकेंड में इमीग्रेशन की सारी औपचारिकताएँ पूरी कर स्मार्ट गेट से शहर में दाख़िल हो सकते हैं। मुझे अमेरिका के न्यू जर्सी का इमीग्रेशन काउंटर याद आया जहाँ तलाशी के नाम पर बस कपड़े नहीं उतारे थे।

किसी भी इंटरनेशनल एयरपोर्ट से बाहर निकलने से पहले मैं फॉरेन करेंसी एक्सचेंज से रुपए को उस देश की मुद्रा में परिवर्तित कराता हूँ। इससे थोड़ी सहूलियत हो जाती है। मैंने दस हज़ार रुपए दिए बदले में 540 दिरहम मिले। दिरहम दुबई की करेंसी है। सौ-सौ के 5 नोट और दस के 4 नोट। सरदार मनमोहन सिंह के राज में अपने देश के रुपए की औकात देखकर हमेशा की तरह फिर शर्मिन्दगी हुई। चुपचाप नोट मैंने अपने पर्स में रख लिए।

दुबई में मैं मुशायरा और कवि सम्मेलन के एक जलसे में शिरकत करने आया हूँ। यह सालाना जलसा 'हमारी एसोसिएशन' नाम की संस्था कराती है। अप्रवासी भारतीयों की यह संस्था हर साल मुनव्वर राना, राहत इन्दौरी, इकबाल अशार, डॉ. तारिक कमर जैसे शायरों और कुमार विश्वास जैसे कवियों को आमंत्रित करती है। साथ में किसी एक हिन्दुस्तानी साहित्यकार या पत्रकार को 'मोइन-उर-रहमान किदवई लिटरेरी एक्सीलेंस अवॉर्ड' से नवाज़ती है। इस साल के अवॉर्ड के लिए मुझे चुना गया था। मुझे बताया गया कि ये अवॉर्ड मेरी स्टोरी 'इस आतंकी की ख़ता क्या है' और *महात्मा गांधी : ब्रह्मचर्य के प्रयोग* जैसी नामुराद किताब के लिए दिया जा रहा है जिसे तारीफ कम और लानतें ज़्यादा मिलीं। दुबई में 'हमारी एसोसिएशन' कोई पाँच साल पहले वजूद में आई। रेहान लखनऊ से और शाजिया किदवई और फरहान वास्ती बाराबंकी से कई साल पहले दुबई में नौकरी करने आए थे। रेहान लाजवाब स्वाद वाली आइसक्रीम कम्पनी, बास्किन रॉबिन से जुड़े हैं और शाजिया अबूधाबी कमर्शियल बैंक से। आफताब अल्वी मुम्बई में श्रीराम जनरल इंश्योरेंस ग्रुप से जुड़े हैं और बाराबंकी मसौली के मीठी ज़ुबान वाले फरहान वास्ती भी किसी मल्टी नेशनल कम्पनी के कारिन्दे हैं। सभी तरक्कीपसन्द और शेरो शायरी के ज़बरदस्त शौक़ीन हैं। अरबों के इस देश में बाराबंकी के बड़ा गाँव की शाजिया का आत्मविश्वास तो ग़ज़ब

है। वह पढ़ी-लिखी होशमन्द और ख़ूबसूरत खातून हैं। अपने दिल को बख़ूबी समझती हैं और परदेस में अपनी मुश्किलात से वाक़िफ़ हैं। अपनी ड्यूटी से वक़्त निकालकर हिन्दुस्तान की ये बिटिया अपने दोस्तों के साथ मुशायरे को कामयाब बनाने की तैयारियों में जुटी है। उनके शौहर भी साथ में हैं। शाजिया कहती हैं ये सिलसिला एक शौक के रूप में शुरू हुआ था जो अब एक जुनून बन गया है।

दुबई में आधी से ज़्यादा आबादी हिन्दुस्तानियों की है। ये सब अपने मुल्क को बेतरह मिस करते हैं। सो एक दिन ख़याल आया कि क्यों न यहाँ हर साल एक मुशायरा और कवि सम्मेलन कराया जाए। दुबई हिन्दुस्तानी कल्चर से बावस्ता होगा। शुरू में तो इन लोगों ने अपनी तनख़्वाह के पैसे जोड़ कर मुशायरा कराया। यह प्रोग्राम कामयाब हुआ तो दुबई में कुछ बड़ी कम्पनियों के स्पॉन्सर भी मिल गए। यू-ट्यूब पर जारी मुशायरे के वीडियो को अब तक लाखों लाइक हासिल हो चुकी हैं। बाद के सालों में हमारी एसोसिएशन ने आर्थिक रूप से कमजोर शायर व कवियों की मदद के लिए बैनेफिशरी अवॉर्ड शुरू किया। पिछले दो साल में ये अवॉर्ड शायर अजमल सुल्तानपुरी व बुद्ध देव शर्मा को दिया गया। हमारी एसोसिएशन ने साहित्यकारों के लिए लिटरेरी अवॉर्ड भी शुरू किया। पिछले साल ये अवॉर्ड प्रो. वली उल्लाह हक अंसारी को मिला। प्रो. अंसारी लखनऊ में पर्शियन के अकेले प्रोफेसर हैं जिन्हें राष्ट्रपति अवॉर्ड भी मिल चुका है। इस साल के लिटरेरी एक्सीलेंस अवॉर्ड के लिए इस ख़ाकसार को चुना गया। सबसे बड़ी बात जिस मुहब्बत और ख़ुलूस से नौजवान आप्रवासियों की ये टोली भारत से आए मेहमान शायरों और कवियों की खातिरदारी में पलक पावड़े बिछा देती है, वह वाकई दिल छू लेने वाला अहसास है।

मुझे बताया गया था कि एयरपोर्ट की लॉबी में आपको कोई रिसीव करने आएगा। लेकिन लॉबी में मुझे कोई नहीं दिखा। मैं वहीं एयरपोर्ट पर कोस्टा कैफे में मीडियो अमेरिकैनो का ऑर्डर देकर उनका इन्तज़ार करने लगा। वहीं बगल की कुर्सियों पर लखनऊ के डॉ. तारिक कमर के संग कुछ और शायर भी बैठे अपने मेजबान का इन्तज़ार कर रहे थे। हालाँकि मैं तब उनमें से किसी को नहीं पहचानता था। आधा घंटा बीत गया पर कोई नहीं आया। ऐसा पहली दफा हुआ कि मेरे पास आयोजकों का स्थानीय फोन नम्बर भी नहीं था। न पता था कि कहाँ जाना है। अजनबी देश में यह अनुभव सचमुच ख़ौफ़नाक है। कुछ रेगिस्तान के वीराने में फँसने की दहशत सरीखा अनुभव जो मैंने जहाज़ पर महसूस किया

था। लेकिन अल्लाह का शुक्र है ये हालात ज़्यादा देर नहीं टिके। भीड़ में रेहान का मुस्कुराता हुआ चेहरा दिखा तो राहत की साँस ली। रेहान ने आते ही देरी के लिए माफी माँगी और बताया कि वे शाम के ट्रैफिक में फँस गए थे। रेहान भाई से तीन महीने पहले लखनऊ में मुलाकात हुई थी इन्दिरा प्रतिष्ठान के एक मुशायरे में। उनसे एक पुराने दोस्त आफताब अल्वी उर्फ राजी भाई ने मिलवाया था। रेहान मियाँ बेहद शरीफ और सलीकेदार इनसान हैं। उनके चहेरे का भोलापन आकर्षित करता है। उनके चेहरे में एक ख़ास तरह की ख़ुद एतिमादी यानी आत्म विश्वास झलकता है ये कहने की ज़रूरत नहीं कि ये ख़ुद एतिमादी इनसान के किरदार के लिए कितनी ज़रूरी है।

खैर, आफताब को हम लोग राजी के नाम से जानते हैं। राजी अख़बारनवीसी के शुरुआती दिनों के दोस्त हैं। तब वे अपने बड़े भाई, शहाब अल्वी के साथ हफ्तेवार अख़बार *मानस मेल* निकाला करते थे। तब मैंने उर्दू हफ्तेवार *जदीद मरकज* से अपना कैरियर शुरू किया था। ऑफसेट प्रेस ज़माना था। कटिंग पेस्टिंग से अख़बार निकलता था। खबर लिखने से लेकर उसे ब्रॉडशीट पर चिपकाने तक का काम हमें ख़ुद करना पड़ता था। हमारे एडिटर हिसाम सिद्दीकी नफ़ासतपसन्द और जिन्दादिल इनसान थे। तनख़्वाह कम देते थे लेकिन काम की पूरी आजादी देते थे। वह कलम से इंकलाब लाने के कायल थे। तब मुलायम की नाक के बाल हुआ करते थे। उन्होंने समाजवादी जिन्दाबाद के खूब नारे लगाए। मुलायम को मुसलमानों का कायल बनाने के गुनाह में वह भी शामिल थे। पर अब सुनते हैं समाजवादी लीडर खंजर लेकर उनकी तलाश में हैं। खैर प्रेस में बेहद घरेलू माहौल था और उनकी शरीके हयात और हमारी साहेबा भाभी लाजवाब बिरयानी बनाती और सबको प्यार से खिलाती थीं। जुमेरात को देर रात तक काम चलता और हम अख़बार बिछाकर टुंडे के कबाब और आलमगीर की दुकान के मस्त पराठें और सालन खाते थे। क्या हसीन दिन थे वे। मेरे पिताजी कहते लड़का 'मलेच्छ हो गया और हाथ से जाता रहा। वे मेरे पेशे पर लानत मलामत भेजते नहीं थकते। लेकिन वक़्त सब बदल देता है। वक़्त के साथ राजी से राब्ता भी टूट गया। वह मुम्बई में श्रीराम जनरल इंश्योरेंस डिवीजन का नेशनल हेड बन गया और मैं कमबख़्त अख़बारनवीसी की गलियों में भटकते हुए दुनिया भूला बैठा।

अल-मकदूम एयरपोर्ट से हमारी कार बाहर निकली तो बातें शुरू हो गईं। बातचीत हिन्दुस्तान के हालात से शुरू होकर मुजफ्फरनगर के दंगों पर ख़त्म हुई।

रेहान ने बताया कि यहाँ हम सबका दिल कैसे हर वक़्त हिन्दुस्तान में अटका रहता है। सैटेलाइट डिश टीवी से घर पर हर वक़्त सिर्फ हिन्दुस्तानी चैनल चलते रहते हैं। ये चैनल मुल्क से बिछड़ने का दर्द कम कर देते हैं। बालिका वधू, कामेडी विद कपिल, सीआईडी जैसे टीवी सीरियल हर हिन्दुस्तानी घर में मकुबूल हैं। घर की चहारदीवारी में लगता ही नहीं कि आप परदेस में हैं। रेहान याद करते हैं कि कैसे वह दस साल पहले दुबई में भारत-पाक क्रिकेट के लिए अपने एक पाकिस्तानी रिश्तेदार से भिड़ गए थे और फोन पर उन्होंने अपने पाकिस्तानी रिश्तेदार की मदर-फादर कर दी थी। बातचीत में मेरे लिए एक नई चीज़ ये निकलकर आई कि नई पीढ़ी पूरी तरह हिन्दुस्तानी हो गई है। अब भारत-पाक मैच में पाक जीतने पर गलियों में पटाखे नहीं फूटते। '80 और '90 के दशक में ऐसा खूब होता था। दरअसल, भारत के तमाम मुसलमानों के रिश्तेदार पाकिस्तान में बसे थे। पाकिस्तान से उनका एक स्वाभाविक लगाव था। वह पराया मुल्क नहीं था। जबकि हिन्दुओं ने मुल्क के तकसीम होते ही पाकिस्तान को दुश्मन देश मान लिया। मुसलमान ऐसा नहीं कर पाए क्योंकि उनके चचा, मामू, खालू सब वहीं बस गए थे। वे दुश्मन कैसे हो सकते थे। लेकिन मुसलमानों की नई पीढ़ी का पाकिस्तान से ऐसा कोई सीधा लगाव नहीं रह गया। यहीं इतना बड़ा कुनबा हो गया कि उनको कौन याद करे। अब पाकिस्तान, हिन्दुस्तानी सैनिकों की लाशें सरहद से इधर भेजता है तो उनका भी ख़ून खौल उठता है, यह सच है। रेहान बताते हैं कि 'यहाँ दुबई में मेरे केवल एक जिगरी दोस्त हैं हरीश मिश्र उर्फ मामाजी, जो शराब तो छोड़िए, लहसुन-प्याज तक नहीं खाते। सन्त आदमी हैं लेकिन दुबई की सारी बॉर डांसर उनकी मुरीद हैं। हमने अपने शाकाहारी पंडित मेहमानों को सँभालने की जिम्मेदारी उन्हीं को दी है।' फिर मैंने पूछा नॉन वेज पंडित मेहमानों के लिए क्या इन्तजाम है? रेहान भाई ने हँसते हुए कहा उनके लिए तपन दुबे हैं ना, वह भी मिश्रा जी की तरह इन्दौर से हैं। अपन तपन वाले। अमिताभ बच्चन की हेयर स्टाइल वाले तपन मुस्कुराने लगते हैं।

हम मिट्टी को माँ कहते हैं

दुबई के उस शानदार हिन्दुस्तानी स्कूल के बड़े से ऑडिटोरियम में मुशायरे की सारी तैयारी पूरी हो चुकी हैं। लेकिन इस बार ऐन मौके पर राहत इन्दौरी नहीं

आए। राहत भाई के शायरी पढ़ने के अन्दाज पर दुबाईवाले भी ग़ज़ब फिदा हैं। शेर पढ़ने का उनका नाटकीय ढंग सबको भाता है—'किसने दस्तक दी ये दिल पे, कौन है?' फिर राहत भाई इस लाइन को अपने ख़ास अन्दाज में एक-एक लफ़्ज़ पर जोर देकर तीन बार दोहराएँगे। फिर मुशायरे में थोड़ा समाँ बाँधेंगे—'मैं शेर पढ़कर बताता हूँ मुनव्वर भाई आप सुनकर बताइएगा।' फिर अगली लाइन में चौकाएँगे—'आप तो अन्दर हैं, बाहर कौन है?' इस तरह पब्लिक को किसी हुनरमन्द मदारी की तरह ख़ुश करके राहत भाई खूब तालियाँ बटोरते हैं। लेकिन इस बार वह दुबई नहीं आए। रेहान भाई ने बताया कि उनके जिस्म में शक्कर की गिनती अचानक इतनी बढ़ गई है कि डॉक्टर ने घर से निकलने से मना कर दिया। ये अफवाह नहीं पक्की खबर थी। क्योंकि इस मामले में राहत भाई अक्सर ये कहकर सब पर इल्ज़ाम लगाते हैं कि 'अफवाह थी कि मेरी तबीयत खराब है/ लोगों ने पूछ-पूछ कर बीमार कर दिया।' अरे भाई लोगों ने पूछ-पूछ कर बीमार कर दिया कि आप ख़ुद बे-परहेजी के शिकार हो गए। पर मैं जानता हूँ शायरों की दुकान ऐसे ही चलती है।

लेकिन मकुबूल शायर मुनव्वर राना सुबह की फ्लाइट से वक़्त पर आ गए। मुशायरे का अब सारा दारोमदार उन्हीं पर है। मुनव्वर राना को दुबई के ये बच्चे 'बाबा' कहते हैं। बाबा ने मंच का जिम्मा बख़ूबी सँभाला। उन्होंने शुरुआत एक कहानी से की—एक हवाई जहाज़ बादलों के तूफान में फँस गया। सारे मुसाफ़िर डरे हुए थे। सबके होश उड़े हुए थे। लेकिन एक लड़का निडर बैठा खेल रहा था। लोगों ने उससे पूछा, 'तुम्हें डर नहीं लग रहा।' लड़के ने कहा, 'नहीं, क्योंकि ये जहाज़ मेरा बाप चला रहा है।' ऐसे ही इन बच्चों ने ये जिम्मेदारी मुझे दी है। अब इस जहाज़ को मुझे सँभालना है। बच्चे बेफ़िक्र हो गए।

मुनव्वर भाई अपने फन में माहिर हैं। उन्हें मुशायरा हिट करने का हुनर मालूम है। अच्छे शेरों का उनके पास खज़ाना है। आसान और मुख़्तसर से लफ़्ज़ों में वह गहरी बात कह जाते हैं। माँ और बेटियों पर नाजुक शेर पढ़ते हुए बाजवक़्त वे इतने जज़्बाती हो जाते हैं कि उनकी बड़ी-बड़ी आँखें भर आती हैं। और तब उनकी आँखों में ममता का समन्दर साफ दिखता है जो बेशक उस अरब सागर से भी गहरा होता है, जिसे हम लाँघकर यहाँ तक आए हैं।

सिरफिरे लोग हमें दुश्मन-ए-जां कहते हैं
हम जो इस मुल्क की मिट्टी को माँ कहते हैं।

उनकी शायरी मीर तकी मीर की शायरी की तरह क्लासिकल है, गालिब की तरह अर्थपूर्ण लेकिन उनकी हर शायरी में दर्द मरसिये जैसा है। उनके अन्दर का शायर न मयखाने से लड़खड़ाते हुए बाहर निकलता दिखता है और न तवायफ के कोठे से उतरता हुआ। न ये शायर हसीनाओं की ज़ुल्फ़ों से खेलता है और न हुस्नो इश्क़ के कसीदे पढ़ता है। ये शायर कभी नन्हा फरिश्ता बनकर माँ के आँचल से लिपटना चाहता है, कभी बूढ़ा बाप बनकर आँगन से विदा होती चिड़ियों को जाते देखकर फूट-फूटकर रोना चाहता है।

खैर, इससे पहले मुशायरा शुरू हो जनाब आफताब अल्वी यानी हमारे राजी भाई ने अवॉर्ड के लिए मुझे मंच पर आमंत्रित किया। और अब उनकी स्क्रिप्ट का चौंकाने वाला आगाज और अन्दाज देखिए—'लिटरेरी एक्सीलेंस अवॉर्ड के लिए हमने जिस शख़्सियत का इन्तखाब किया है उनके किरदार और उनकी कलम के कई पहलू हैं और तमाम पहलू बड़े रोशन और मुस्तनद हैं। कभी उनकी कलम तलवार होती है तो कभी उसी कलम से वो मज़लूमों के ज़ख़्मों पे मरहम भी रख देते हैं। दयाशंकर शुक्ल सागर कलम का ऐसा ही सिपाही है जिसने कम उम्र में अपनी कलम से ऐसा इंकलाब बरपा किया है जिसकी सताइश सिर्फ हिन्दुस्तान में ही नहीं, उन तमाम मुमालिक में की जा रही है जहाँ इनसानी दर्द पर आँसू बहाने वाले लोग मौजूद हैं। और उनके कलम की रोशनी वहाँ-वहाँ महसूस की जा रही है, जहाँ-जहाँ जुल्म के अँधेरे सिर उठाने की कोशिश कर रहे हैं। आप सब जानते हैं ये अवॉर्ड उन्हें उस बा-मकसद और बा-मानी बहरीर के लिए पेश किया जा रहा है जिसका उनवान था 'इस आतंकवादी की खता क्या है।'

उर्दू के ये दिलफ़रेब लफ़्ज़ ऐसे थे जैसे दिल्ली के मशहूर शायर मिर्जा सौदा लखनऊ के नवाब आसफुद्दौला की शान में कसीदे पढ़ रहे हों। अगर मैं सच में नवाब होता तो सौदा की तरह राजी मियाँ को भी 'मलिकुश्शुअर' यानी कवि सम्राट की उपाधि से नवाज देता। कसीदे ऐसे ही होते हैं जैसे फ्रांस के फूलों के त्योहार में लोग एक-दूसरे पर फूलों की बौछार करते हैं। खैर मेजबान का फर्ज भी है कि वह अपने मेहमान की शान में कसीदे पढ़े वह भी ऐसा मेहमान के जिसे अवॉर्ड दिया जाना है। वरना मैं नाचीज़ कलमकार अपनी हैसियत बख़ूबी जानता हूँ। मैं अपने बरक्स कोई मुगालता नहीं पालता। मेरा दिल जानता है कि तनख़्वाह के लिए महीने की पहली तारीख का मुझे कितनी शिद्दत से इन्तज़ार

रहता है। जानता हूँ हमारे मुल्क में कलम से इंकलाब लाना नामुमकिन है जहाँ की हर चीज़ बिकाऊ है। बाजार में एक चीज़ जो सबसे सस्ती है वह ईमान है। अख़बारनवीसी के शुरुआती दौर में जब मैंने पहली बार बसपा की बीट देखनी शुरू की तो बाबू सिंह नाम का एक शख़्स मायावती का चपरासी हुआ करता था। बाद में वह कैबिनेट मंत्री बन गया। देखते-देखते वह करोड़पति हो गया। सुनते हैं वह किसी अख़बार का मालिक भी बन गया है। आजकल जेल में है। कल छूट जाएगा। न जाने कितने पत्रकारों को नौकरी देगा। क्या आप सोचते हैं वहाँ नौकरी करने वाले पत्रकार इंकलाब लाएँगे?

लालच और मुफलिसी ने हर दूसरे इनसान को इस हद तक ख़ुदग़र्ज़ बना दिया है कि कोई किसी के लिए फ़िक्रमन्द नहीं। संवेदनाएँ मर चुकी हैं और जज़्बात कत्ल हो रहे हैं। उस दिन मैं अख़बारनवीसी के अपने पच्चीस साल के अनुभव से पहली नज़र में आतंकवादी की उस माँ को देखकर समझ गया कि उसका बेटा आतंकवादी नहीं है। जिसके घर में एक बूढ़ी माँ और पाँच बिनब्याही बहनें हो वह आतंकवादी कैसे हो सकता है? लखनऊ, फैजाबाद और बनारस में जब बम के धमाके हो रहे थे तब वह कलकत्ता के कलपुर्जे जोड़ने वाले एक बड़े कारखाने में काम कर रहा था। उसकी लाचार माँ कारखाने का हाजिरी रजिस्टर और बैंक में उसके मुफ़लिस अकाउंट के दस्तावेज लेकर लखनऊ की कचहरी में जमानत के लिए घूम रही थी। उसके वकील ने मुझे उसकी माँ से मिलवाया था। बेशक आतंकी का वह हिम्मती वकील भी अपने दूसरे साथी वकीलों की नफरत का शिकार था। सारे दस्तावेज इकट्ठा करने के बाद मैं पूछते-पूछते थक गया लेकिन यूपी पुलिस के डीजीपी से लेकर इस केस के इन्क्वॉयरी ऑफिसर तक ये बताने को राजी नहीं हुए कि उसके खिलाफ ऐसा क्या सुबूत मिल गया कि वह आतंकी है। सिवाय इसके कि उसका नाम बांग्लादेश के किसी आतंकी से मिलता-जुलता है। उस 'आतंकी' के पास तो मोबाइल फोन तक नहीं था कि पुलिस साबित करती कि वह पाकिस्तान या दुबई के लश्कर-ए-तैएबा के किसी आतंकी सरगना के सम्पर्क में है। पुलिस प्रेस कॉन्फ्रेंस में उसे बांग्लादेश का एक खूँखार आतंकवादी बता रही थी जबकि उसका स्थायी पता बंगाल के नार्थ 24 परगना जिले का था। खबर छपी और आखिर यूपी की पुलिस को उसे छोड़ना पड़ा। लेकिन आतंकवादी होने का जेल में उसने जो सदमा उठाया उसका क्या? मुझे तो इस स्टोरी के लिए वजीरे

आजम तक से इंटरनेशनल अवॉर्ड मिल गया पर उन बेगुनाहों की खबर कौन लिखेगा जो आज भी 'आतंकवादी' बने हिन्दुस्तानी जेलों में एड़ियाँ घिस रहे हैं। ये सवाल मुझे अक्सर परेशान करता है। इसलिए राजी की इंकलाब लाने वाली लफ्फाजी पर मैं बहुत ख़ुश नहीं हुआ।

खैर अब हम मुशायरे पर लौटते हैं। मुनव्वर भाई, हबीब हाशमी, वासिफ फारुखी, डॉ. तारिक कमर, उस्मान मिनाई, अनिल चौबे, नजमा नूर, शाहिद नूर, अनु सपन, नोमान शौक और अलताफ़ जिया सबने बारी-बारी से अपनी शायरी की। इनमें शायद ही कोई ऐसा शायर या कवि हो जिसे दुबई की पब्लिक ने शोर मचाकर दोबारा पढ़ने के लिए न बुलाया हो। ईटीवी के डॉ. तारिक कमर ने अपनी ख़ूबसूरत नज्म 'राम तेरी गंगा मैली' पढ़ी। गंगा पर सूफियाना अन्दाज़ में शायरी मैंने पहली दफा सुनी। बनारस से आए हास्य कवि अनिल चौबे ने अपने चचा एनडी तिवारी पर खूब फिकरे कसे। बोले-बेचारे बुजुर्ग तिवारी जी का ख़ून लेने के लिए पूरा देश पीछे पड़ गया। कोर्ट, कचहरी, पुलिस वाले सब। फिर चौबे जी ने चौपाई पढ़ी—

नहीं कोई जोर चलता है, महज रिक्वेस्ट होता है
इश्क़ में दौलत-ए-दिल का बड़ा इन्वेस्ट होता है
जवानी में मुहब्बत की जिन्हें गिनती नहीं आती
बुढ़ापे में उन्हीं का तो डीएनए टेस्ट होता है।

सबसे ज़्यादा तालियाँ चौबे जी ने बटोरी। बाद में मैंने और हमारे दुबई के दोस्त हरीश मिश्रा ने चुटियाधारी चौबे जी की खूब खिंचाई की। चौबे जी ख़ुद दुबले-पतले मरियल से हैं। हरीश बोले—पंडित जी आपका तो बुढ़ापे में डीएनए टेस्ट भी नहीं हो सकता क्योंकि उसके लिए ख़ून चाहिए। मैंने कहा-अपनी चोटी से पकड़े जाएँगे क्योंकि अब तो कमबख़्त बाल भी दिल की फिसलन के राज फाश कर देते हैं। बेचारे हास्य कवि चौबे जी संकुचा गए। बताते चलें कि यह वही कवि हैं जिन्होंने कलियुग में सूर्पनखा को खोज निकाला। वो तो भला हो अखिलेश यादव का कि चुनाव जीत कर सरकार बना ली वरना मायावती के राज में पंडित जी जेल में रामचरितमानस के लिए चौपाई लिख रहे होते।

और यकीन जानिए, दुबई के शेख राशिद ऑडिटोरियम में मुशायरा सचमुच सुपर हिट रहा। सुबह साढ़े तीन बजे तक पूरा ऑडिटोरियम खचाखच भरा था।

काली शेरवानी में रेहान, अफताब और फरहान के चेहरे दमक रहे थे। चटक गुलाबी ब्लाउज और गुलाबी किनारी वाली क्रीम साड़ी के खालिस हिन्दुस्तानी लिबास में ख़ूबसूरत शाजिया भी ख़ुशी से चहक रही थी। जैसे निकाह के बाद घर से बेटी की बारात विदा हुई हो।

चीन गणराज्य

मकाऊ

अतृप्त सपनों के शहर में

नई दिल्ली से हांगकांग एयरपोर्ट तक आने में केवल पाँच घंटे लगे। अन्तरराष्ट्रीय विमान आमतौर पर 750 और 950 किलोमीटर प्रतिघंटा की रफ़्तार से चलते हैं। एक लम्बी झपकी लेने के बाद पता ही नहीं चलता कि कब तकरीबन पूरा चीन पार करके आप उसकी अन्तिम सीमा तक आ गए। और मजा देखिए आप प्लेन में रात एक बजे सोते हैं और पाँच घंटे के सफ़र के बाद आँख खुलने पर पता चलता है कि हांगकांग में सूरज को निकले चार घंटे बीत चुके हैं। लेकिन हर तरफ से पहाड़ियों से घिरा और चकाचौंध से भरा हांगकांग उस वक़्त आकर्षित नहीं करता जब आपको सपनों का कोई और दूसरा शहर बुला रहा हो।

दफ़्तर की तरफ से मकाऊ जाने का जब न्योता मिला तो सच जानिए इस शहर के बारे में कुछ जानकारी नहीं थी सिवाय इसके कि वहाँ ज़बरदस्त तरीके से जुआ खेला जाता है। इसे 'पूरब का लास वेगास' कहते हैं। लेकिन जुए में मेरी कोई दिलचस्पी नहीं थी क्योंकि फ़लश के सिवा मुझे जुए का कोई खेल नहीं आता। ये जुआ भी मैं सिर्फ दीपावली की रातों में खेलता हूँ वह भी ज़्यादातर अपने भाई और बहनोई के साथ जिन्हें लूटने और जिनसे लुटने में खूब मजा आता है। हारे तो गम नहीं और जीते तो मजा ही मजा। खैर मकाऊ में बॉलीवुड के फिल्मी सितारों का मेला जुटने वाला था और मुझे आईफा अवॉर्ड का आँखों देखा हाल लिखना था। आईफा यानी द इंटरनेशनल इंडियन फिल्म एकेडमी अवॉर्ड। मैं जानता था इस काम में मजा आने वाला है। पर मन में थोड़ी घबराहट थी कि मेरे पास मकाऊ का वीजा नहीं है।

हालाँकि मुझे बार-बार बताया गया कि चिन्ता की कोई ज़रूरत नहीं क्योंकि मकाऊ घूमने के लिए वीजा की आवश्यक नहीं। लेकिन बिना वीजा के देश की सीमा लाँघना डरावना जोखिम है। पर जोखिम उठाने का भी तो अपना मजा है। बताया गया था कि हांगकांग एयरपोर्ट तक हवाई जहाज़ से जाना है। इसके आगे का सफ़र आपको छोटी-सी फैरी पूरा कराएगी। फेरी यानी समन्दर में चलने वाला एक छोटा जहाज़। इस जहाज़ का बन्दरगाह ठीक हांगकांग के एयरपोर्ट से जुड़ा है। हांगकांग का इमिग्रेशन बिना पार किए आप एक भूमिगत शटल से ठीक फेरी के अन्दर तक पहुँच जाएँगे। पर शर्त यह है कि आपको फेरी का टिकट भारत में ही नेट के जरिये ख़रीदना होगा। ये टिकट ही वीजा का काम करता है। एयरपोर्ट से मकाऊ का रास्ता एक घंटे का है। मकाऊ एक प्रायद्वीप है। पहाड़ियों से घिरी खाड़ी के नीले पानी पर फेरी फिसलती हुई चलती है। इस पानी से थोड़ा ही ऊपर उड़ान भरते या एयरपोर्ट पर हवाई जहाज़ ग़ज़ब का कौतुक पैदा करता है।

सपनों का शहर यानी मकाऊ। दक्षिणी चीन सागर के किनारे बसे सारे देश मकाऊ को 'सिटी ऑफ़ ड्रीम्स' के नाम से ही जानते हैं। मकाऊ और हांगकांग अलग देश नहीं हैं। ये दोनों चीनी जनवादी गणराज्य का हिस्सा हैं। मकाऊ चीन में यूरोप की पहली और आखिरी कॉलोनी थी। मकाऊ चीन में अन्तिम यूरोपीय उपनिवेश था। यह 1557 में पुर्तगाल के लिए एक व्यापारिक पद के रूप में पट्टे पर दिया गया था और आधिकारिक तौर पर 1887 में एक पुर्तगाली क्षेत्र बन गया। मकाऊ को अन्ततः 1999 में चीनी सम्प्रभुता के लिए वापस सौंप दिया गया था। आज, 450 साल की विरासत जो मकाऊ में पुर्तगालियों ने छोड़ी, वह अपने पूर्व के मध्य से रहती है। इन्हें सन 2000 शुरू होने से थोड़ा ही पहले चीन ने विशेष प्रशासनिक क्षेत्र का दर्जा दिया। जैसा मैंने कहा—एक ज़माने में मकाऊ पुर्तगाल का उपनिवेश हुआ करता था। जैसे कभी हमारा गोवा था। 16वीं सदी के शुरू में ही पुर्तगालियों ने गोवा और मकाऊ जैसे समन्दर के किनारे बसे इलाकों को व्यापारिक ठिकाना बनाया और धीरे से इन इलाकों की हुकूमत अपने क़ब्ज़े में ले ली। गोवा को तो पुर्तगालियों ने सीधे फतह किया था लेकिन मकाऊ पर क़ब्ज़ा बड़ी चालाकी से किया। 1513 में जॉर्ज एलबर्स पहला पुर्तगाली था जिसने चीन की धरती पर कदम रखा। फिर पुर्तगाली व्यापारियों ने मकाऊ के समुद्री किनारे को एक बन्दरगाह के रूप में विकसित किया। उन्होंने

20 किलोग्राम सालाना चाँदी के बदले मकाऊ बन्दरगाह को किराये पर ले लिया। 1863 तक ये सिलसिला जारी रहा। तब तक कई पुर्तगाली यहाँ के बाशिन्दे बन चुके थे। वह सत्ता में प्रशासनिक दखल चाहने लगे। 1883 में पुर्तगाली तानाशाहों का दौर ख़त्म हुआ। ये सीनेट सिर्फ सामाजिक और आर्थिक मामले देखने के लिए बनी थी वह भी एक चीनी प्राधिकारी की निगरानी में। लेकिन एक शुरुआत तो हो गई। अफीम युद्ध के बाद मकाऊ आधिकारिक रूप से पुर्तगाल के कब्जे वाला इलाका हो गया। 70 के दशक में पुर्तगाली तानाशाह का दौर ख़त्म हुआ। और 1974 में नई पुर्तगाली सरकार ने अपने उपनिवेशों को मुक्त करने का फैसला लिया। पुर्तगाल ने पहली बार मकाऊ को चीन का एक हिस्सा माना। और उसे चीनी जनवादी गणराज्य का एक विशेष प्रशासनिक क्षेत्र माना। चीन-पुर्तगाल के संयुक्त समझौते के तहत मकाऊ 1999 में अगले 50 साल के लिए चीनी गणराज्य का हिस्सा हो गया। लेकिन यहाँ एक देश और दो प्रणाली के सिद्धान्त की शुरुआत हुई यानी विदेश मामले और रक्षा को छोड़ हांगकांग और मकाऊ पर चीन का कई दखल नहीं है। दोनों की अपनी अलग करेंसी है, अलग पुलिस और अलग इमिग्रेशन व्यवस्था है। उनकी अर्थव्यवस्था स्वतंत्र है और जीवन शैली पूरी तरह का आजाद। यहाँ की 90 प्रतिशत आबादी चीनी है लेकिन चीन के लड़ाका एक अनोखे तरह की सम्प्रभुता का मजा ले रहे हैं। सरकार के मुखिया के नाम पर यहाँ एक चीफ है जिसके कैबिनेट में पाँच नीति सचिव हैं। ये सचिव 11 सदस्यों की एक कमेटी की सलाह पर काम करते हैं। यहाँ के स्थानीय निवासियों ने अपनी पूरी राजनीतिक सम्प्रभुता न कभी पुर्तगालियों को दी, न दबंग चीन को। और समन्दर के किनारे एक ख़ूबसूरत-सा देश बसा लिया जहाँ सपनों के इन्द्रधनुष में रंग भरे जाते हैं।

ये सचमुच सपनों का शहर है। तीन तरफ से पहाड़ियों के बीच बसे इस शहर में बहुमंजिली इमारतों का जंगल है। इन इमारतों में ज़्यादातर होटल हैं या जुआ खिलाने वाले कसीनो या फिर स्पा, बार या नाइट क्लब। यह सभी जगहें उन अतृप्त सैलानियों के लिए हैं जो अपने शहर से ऊब चुके हैं और उन्हें ऐसी किसी जगह की तलाश है जहाँ आकर सारी वर्जनाएँ ख़त्म हो जाती हैं। समन्दर के जहाज फेरी से उतर कर मकाऊ शहर में दाख़िल होते आपको यह नहीं लगेगा कि आज किसी प्राचीन पुर्तगाली शहर में आ गए। एयरपोर्टनुमा बन्दरगाह से निकलकर जैसे ही हम बाहर निकले चीनी लड़कियों का समूह हाथों में तमाम

तरह के कार्ड और हैंडबिल लिये खड़ा था। चीयर्स गर्ल की तरह दिखने वाली ये लड़कियाँ उन तमाम बड़े होटलों की प्रचारक हैं जो आने वाले नए सैलानियों को पर्चे बाँट कर बताती हैं कि उनके यहाँ क्या ख़ास है। और देखते-देखते मेरे हाथों में कार्ड का एक ढेर लग जाता है। मुझे बताया गया है कि यहाँ के होटल वैनेशिया की शटल फेरी टर्मिनल के आगे खड़ी मिल जाएगी। और शानदार शटल वहाँ खड़ी थी। अपनी सीट पर बैठकर मैं उन तमाम कार्ड और हैंडबिल को पलटता हूँ जो मुझे प्रचारक लड़कियों ने दिए थे। ऊपर के पहले ही कार्ड पर छपे शब्द थोड़ा चौंकाते हैं। 'द शो ऑफ़ सीक्रेट फैंटसीज। किट नाऊ ऑन सेल।' यानी खुफिया फंतासियों का शो। फैंटसी के इस शो में क्या है? इसका अन्दाज़ा कार्ड पर छपी तस्वीर से लग जाता है। कार्ड पर अंग्रेज़ी में छपा मजमून बताता है कि सपनों के शहर में देखिए वह फैंटसी जो स्त्री-पुरुष की अन्तरंग इच्छाओं को नई उड़ान देती हैं। कार्ड के भीतरी पन्ने पर इस शो को देखने का अन्दाज भी कम दिलचस्प नहीं है। छपे नक़्शे में बताया गया है कि स्टेज के एकदम सामने की सीटें 'ए' श्रेणी की हैं जिनका टिकट 1,000 डॉलर का है। 'बी' श्रेणी के टिकट स्टेज से दूर 'ए' श्रेणी के पीछे हैं जिनका मूल्य 700 डॉलर है। एक तीसरी श्रेणी भी है सबसे पीछे जहाँ आप खड़े होकर ही ये शो देख सकते हैं। इसका टिकट 500 डॉलर का है।

शटल आकर ठीक होटल वैनेशिया के गेट पर रुकती है। विशाल क्षेत्र में फैला ये होटल अपने आप में टूरिस्टों के आकर्षण का केन्द्र है। होटल में दाख़िल होते लगेगा जैसे आप किसी रोमन साम्राज्य के विशालकाय महल में दाख़िल हुए हैं। ये अलग बात है कि ये महल 21वीं सदी की सभी सुख-सुविधाओं से लैस है। होटल की लॉबी में विलुप्त हो चुके एक दैत्याकार डायनासोर का कंकाल आपका स्वागत करेगा। पर यहाँ एक जीवित डायनासोर भी है जो आने वाले पर्यटकों का मनोरंजन कर रहा है। डरावने डायनासोर के विशालकाय लबादे में कोई इनसान छुपा है। चारों ओर से भीड़ उसे घेरे है। सैलानी उसकी तस्वीरें ले रहे हैं और यह डायनासोर उनके करीब पहुँचकर उन्हें डरा देता है। डायनासोर के साथ हैट लगाए उसका मास्टर भी है। जो डरे हुए लोगों को अपने बनावटी डायनासोर से बचाता है।

करीब 25 मंजिला होटल में 'चेक इन' करने के बाद अब मैं दूसरी मंजिल पर हूँ। लेकिन ये मंजिल होटल की अन्तिम मंजिल लगती है। क्योंकि मेरे ऊपर

खुला आसमान है। होटल के अन्दर बादलों से घिरा नीला आसमान। जैसे किसी ख़ूबसूरत मौसम में बदली छाई रहती है। इस मंजिल पर दुनिया की सबसे बेहतरीन दुकानें हैं। हर तरह की ज्वैलरी शॉप से लेकर फैशन स्टोर तक ओर खुले आसमान के नीचे फूड कोर्ट है। दुनिया के सारे रेस्त्राँ यहाँ आपको मिल जाएँगे। और दुनिया के हर कोने से आए हज़ारों सैलानी इन व्यंजनों का लुत्फ़ उठा रहें हैं। इनमें कई फिल्मी सितारे भी दिख रहे हैं। मधुरी दीक्षित, शाहरुख खान, दीया मिर्जा और भी न जाने कौन-कौन। वे सब हमारे होटल में ठहरे हैं। लेकिन मैं ऊपर देखता हूँ कि बादल के सारे टुकड़े वहीं मौजूद हैं जहाँ अब से एक घंटा पहले थे। ओह तो ये कृत्रिम यानी बनावटी बादल हैं यानी चौबीस घंटे इस नीले आसमान पर बदली छाई रहती है। यहाँ न चाँद दिखता है, न सूरज। सिर्फ खुला आसमान और बादल हैं। और लगता है कि हम किसी परी देश में हैं और इन बादलों के बीच से अभी कोई परी उतर कर जमीन पर आ जाएगी। ये वाकई सपनों की दुनिया है। सपनों का शहर है। यहाँ सपने और फंतासियाँ बिकती हैं। सिर्फ आपकी जेब में हांगकांग डॉलर हों। फिर सपनों को खरीदिए और मजा लीजिए मकाऊ का।

मकाऊ तुम्हें जीत कर जाने नहीं देगा सलीम

इस वक़्त मैं दुनिया के सबसे बड़े जुआघर में हूँ। होटल के इस कसीनो में कोई दो हज़ार मेजों पर जुआ चल रहा है। मकाऊ में सुबह के पाँच बजे हैं और कसीनो खचाखच भरा है। रात भर जुआ चला और अब भी चलेगा। ये खेल 24 घंटे चलता है। करोड़ों रुपये का दाँव लगता है। दुनिया भर के धनकुबेर हारते हैं लेकिन उनके चेहरे पर शिकन तक नहीं होती। यहाँ सब जुआरी नहीं हैं, कुछ मेरी तरह दर्शक भी हैं। यहाँ दर्शक बनने पर कोई मनाही नहीं है क्योंकि चालाक कसीनो वाले जानते हैं ये दर्शक भी थोड़ी देर में जुआ खेलने पर मजबूर हो जाएँगे। और मेरे साथ यही हुआ। पहले दो दिन मैं यहाँ सिर्फ़ दर्शक था। तीसरे दिन खेल कुछ समझ में आया तो लगा किस्मत पर दाँव लगाया जा सकता है। मैंने अपने मित्र ली यान से पूछा कि कैसा रहेगा। वह मुस्कुराया और चीनी में कुछ बोला मैंने पूछा इट-मीन्स। उसने अंग्रेज़ी में इसका गतलब बताया कि दुनिया का कोई जुआघर आपको जीतकर नहीं जाने देता। जुआघर से मकाऊ तुम्हें जीत के जाने

नहीं देगा। थोड़ी देर के लिए आप जीत भी जाएँ लेकिन अन्ततः आपको हारना है। पर मैं तय कर चुका था। खेलने के लिए आपके पास हांगकांग डॉलर होने चाहिए। मैंने अमेरिकी डॉलर का जो फॉरेक्स प्लस प्री पेड कार्ड बनाया था वह यहाँ नहीं चलता क्योंकि इस कार्ड पर आपका नाम नहीं होता। दूसरा विकल्प था मैं एटीएम का इतेमाल करूँ। जुआघर में तमाम एटीएम हैं। लेकिन एटीएम ने मेरे कार्ड को स्वीकार नहीं किया। बेशक ये मेरी नहीं बल्कि एचडीएफसी बैंक की विश्वसनीयता पर सवाल खड़ा करता है। लेकिन मैं ख़ुशकिस्मत था कि मेरे एटीएम ने काम नहीं किया। देखिए आगे क्या हुआ।

मेरे पर्स में 100 हांगकांग डॉलर के दो नोट थे यानी करीब दो हज़ार रुपए। किस्मत आजमाने के लिए इससे शुरुआत हो सकती थी। कम-से-कम कहने को हो जाता कि हमने भी मकाऊ के कसीनो में दाँव लगाया। हालाँकि मैं जानता था इस पैसे से मैं दो दाँव से ज़्यादा नहीं खेल सकता लेकिन शुरुआत हो सकती है।

मैंने जिस खेल में दाँव लगाने का सोचा उसमें डॉलर दोगुना होता है। उस खेल का नाम 'बकाए' है। इस खेल में डॉलर या तो दोगुना होता है या फिर सारा पैसा डूब जाता है। सिर्फ एक मिनट का खेल है। मेज पर दो विकल्प हैं। 'बैंकर' और 'प्लेयर'। आपको अनुमान लगाना है कि 'बैंकर' जीतेगा या 'प्लेयर'। अगर आपको लगता है कि 'बैंकर' जीतेगा तो मेज पर जहाँ 'बैंकर' लिखा है वहाँ 100 डॉलर का एक सिक्का रख दीजिए। आप चाहे तो 100 डॉलर के दस या सौ सिक्के भी रख सकते हैं। अगर आपको लगता है कि इस बार प्लेयर जीतेगा तो सिक्के प्लेयर वाले खाने पर रखिए। जुआ खिलाने वाला एक मशीन से 'बैंकर' और प्लेयर के लिए ताश के 3-3 पत्ते निकालेगा। ये पत्ते आपको स्क्रीन पर दिखेंगे। वह एक बटन दबाएगा। अगर प्लेयर जीता तो दाँव पर लगाए गए आपके सिक्के अपनी जगह मौजूद हैं। अब खेल खिलने वाला या वाली उतने ही सिक्के के दोगुने सिक्के वहाँ रख देंगे। ये सारे सिक्के आपके। यानी 100 डॉलर के बदले 200 डॉलर। 1000 डॉलर के बदले 2000 डॉलर। 20,000 डॉलर कि जगह 40,000 डॉलर। यानी दिमाग़ लगाने कि कोई गुंजाइश नहीं। एक या दो। मैंने प्लेयर पर 200 डॉलर लगाए थे और एक मिनट में मेरे पास 400 डॉलर थे। मूल धन 200 डॉलर मैंने जेब में रखे और जीते हुए 200 डॉलर को इस बार 'बैंकर' के खाने पर रख दिया। मशीन ने 3-3 पत्ते निकाले।

बटन दबाया। 'प्लेयर' के खाने में अन्य 5 खिलाड़ियों के सारे सिक्के मेज के नीचे छुपे डिब्बे में गिर गए। 'बैंकर' के खाने पर मेरे 200 डॉलर और बैंकर पर दाँव लगाने वाले 7 और खिलाड़ियों के सिक्के मुस्करा रहे थे। क्योंकि हम सब जीते थे। अब मेरे पास 600 डॉलर थे। मैंने अपने आप से कहा बस इतना काफी है अब दूसरा खेल समझा जाए। बगल की मेज पर कई हिन्दुस्तानी जुआ खेल रहे हैं। इस खेल का नाम रूलेट है। ये दुनिया भर के कसीनो का लोकप्रिय खेल है। इससे पहले ये खेल मैंने किसी फिल्म में देखा था। एक कटोरा आकार की मशीन में गेंद घूमती रहती है। वह जिस नम्बर पर रुकती है वह नम्बर जीत जाता है। उस नम्बर पर आपने जितने डॉलर लगाए हैं उससे 36 गुना डॉलर आपको मिलेंगे। उस नम्बर के आस-पास के नम्बरों पर अगर आपने दाँव लगाया है तो आपको 8 गुना पैसा मिलेगा। इवन और ऑड नम्बर पर भी पैसा लगा सकते हैं। इसमें आपका पैसा दोगुना हो जाएगा। इसी तरह सारे खेल चलते रहते हैं। इस खेल में सबकुछ आपकी किस्मत पर है।

रोचक खेल था। समझ में भी आ गया। मैंने अपनी जेब से 100-100 के डॉलर के 6 सिक्के अलग-अलग खेलों में लगा दिए। मैंने पहला दाँव 21 नम्बर पर लगाया था क्योंकि ये मेरी जन्मतिथि है। इसमें लगे थे 200 डॉलर। बाकि 400 डॉलर अलग खेलों पर। कटोरानुमा छोटी-सी मशीन में वो छोटी-सी गेंद घूमी और 15, 18, 19 नम्बर पर अटकी हुई 21 पर आकर रुक गई। जुआ खिलाने वाली लड़की ने 7200 डॉलर गिनकर मेरे सामने रख दिए। मेज के आस-पास बैठे अन्य जुआरियों की जैसे चीख निकल गई। अब मैं सात हज़ार डॉलर का मालिक था। यानी करीब 56,000 रुपए। एक घंटे के खेल में मैं 2,000 से शुरू कर 56,000 रुपए जीत चुका था। पर ज़्यादातर लोग मेरी तरह ख़ुशक़िस्मत नहीं। मुझे वहाँ एक भी हिन्दुस्तानी ऐसा नहीं दिखा जिसका चेहरा ख़ुशी का दमक रहा हो। मैं वहाँ अकेला हूँ, जो ख़ुश हूँ।

अब मेरी समझ में आ गया कि मकाऊ धरती पर सबसे सफल गेमिंग कैपिटल क्यों है। क्यों शहर के तेजी से बढ़ते कैसीनो उद्योग में इसकी अर्थव्यवस्था का लगभग 80 फीसदी हिस्सा है। यह चीन में अकेला ऐसा शहर है जहाँ जुआ कानूनी है, जिससे यह मुख्य भूमि और हांगकांग के जुआरियों के लिए एक बड़ा आकर्षण बन गया। इसे क्यों पूरब का लॉस वेगास कहा जाता है। वेगास जुए में 6.4 बिलियन डॉलर का सालाना कारोबार करता है तो उसकी तुलना में

मकाऊ 28 बिलियन डॉलर का। यानी उसका सालाना जुआ राजस्व का तीन गुना ज़्यादा है। जबकि लॉस वेगास में 135 कैसीनो हैं तो मकाऊ में केवल 65।

सुबह के सात बज गए हैं। मैं रात भर यही खेलता रहा। नींद का दूर-दूर तक कोई निशान नहीं। मैं कसीनो में घूमता रहा। जो खेल थोड़ा भी समझ में आता खेल लेता। कभी हारता कभी जीतता। सच पूछिए तो हारने के लिए मेरे पास मेरा कुछ नहीं था। वह सारे हांगकांग डॉलर इसी कसीनो ने मुझे दिए थे। और एक वक़्त ऐसा आया जब मेरी जेब में सिर्फ 200 डॉलर बचे थे। बाकी सब मैं हार चुका था। अब मैं भी उन्हीं हारे हुए लोगों की भीड़ के बीच शामिल हूँ। 56,000 रुपए हारने का दुःख है। इस फ्री के पैसे से मैं अपने मित्रों के लिए कई सारे गिफ्ट लेकर लौट सकता था। पर अब नहीं। मुझे अपने चीनी मित्र की बात याद आई—'जुए में आप कभी नहीं जीतते हमेशा गँवाते हैं'। और ये सही है। पर इस अनुभव ने मुझे अन्तरराष्ट्रीय स्तर का जुआरी ज़रूर बना दिया। ये फ़ख्र करने की बात कतई नहीं है लेकिन अनुभव एक ऐसी चीज़ है जो आप खरीद नहीं सकते न किसी जुए में जीत सकते हैं। ये बड़ी कीमती चीज़ है। ख़ासतौर से तब जब इसके लिए आपको कोई कीमत न चुकानी पड़े।

घर लौटते फिल्मी परिन्दे

और अब घर वापसी का वक़्त आ गया है। किसी को दिल्ली की फ्लाइट पकड़नी है तो किसी को मुम्बई की। लेकिन इसके लिए पानी के छोटे समुद्री जहाज़ फैरी से हांगकांग एयरपोर्ट तक जाना होगा। सब फेरी पकड़ने की हड़बड़ी में हैं। इन सब में वह सैलानी नहीं हैं जो आईफा के बहाने मकाऊ घूमने आए थे। इसमें केवल वे हैं जो सिर्फ आईफा अवॉर्ड के लिए यहाँ आए थे। सब यानी एक टूटा हाथ लिये शाहरुख खान, नई फिल्म 'गुलाबी गैंग' के साथ फिल्मों में वापस आ रहीं माधुरी दीक्षित, पूरे अवॉर्ड फंक्शन में शाहरुख के साथ चिपकी रहीं। अनुष्का शर्मा, बिना ऐश्वर्या के अभिषेक बच्चन, कामयाबी की आधी अधूरी ख़ुशी लिए 'शुक्राणुओं के नए दानवीर' विक्की डोनर उर्फ आयुष्मान खुराना, अपने स्मार्ट शौहर सिद्धार्थ की बाँहें थामे विद्या बालन, ख़ूबसूरत दीया मिर्ज़ा, हारे हुए खिलाड़ी शाहिद कपूर, फिल्मों के बोझ की गठरी से दबे अनुपम खेर, शबाना को मिस करते जावेद अख़्तर, दक्षिण भारतीय डांसर प्रभुदेवा, प्रियंका

की चंचल बहन परिणीति चोपड़ा आईफा के 14 अवॉर्ड का दाँव जीते 'बर्फी' के निर्देशक अनुराग बसु और मैं।

इत्तेफ़ाक से हम सबकी टिकटें फेरी के स्पेशल क्लास में ऊपर के डेक पर थीं। मैं समझ गया कि अब मजा आने वाला है। अब जो होगा उसकी स्क्रिप्ट जावेद अख्तर नहीं, मैं लिखूँगा और ये फिल्मी कहानी नहीं बल्कि एक रिएलिटी शो होगा। और बिल्कुल यही हुआ। शाहरुख, अनुष्का और माधुरी के साथ वीआईपी केबिन में बन्द हो गए। ये सब ख़ुद को सुपर स्टार की श्रेणी में रखना ज़्यादा पसन्द करते हैं। आईफा अवॉर्ड में यह लोग अलग-अलग रहे। इन लोगों ने अपने साथ बाडीगार्ड रख छोड़े थे। इनके बाडीगार्ड सलमान खान की तरह शालीन नहीं थे। वह फैन्स को इनके पास फटकने तक नहीं दे रहे थे। जाहिर है, उनकी गलती नहीं क्योंकि वे अपनी ड्यूटी पूरी कर रहे थे।

लेकिन बाकी सब डेक पर पहुँचते ही मस्ती के मूड में आ गए। यह तय हुआ कि अब 'डम्ब शॅराड्स' खेला जाएगा। दो टीमें बनेंगी। एक टीम का कोई सदस्य एक्टिंग कर इशारों से किसी फिल्म का टाइटल बताएगा। दूसरी टीम को उस फिल्म का सही नाम बताना होगा। पर किस टीम में कौन होगा। अनुपम ने कहा बॉयज वर्सेज गर्ल्स की टीम बन जाए। दीया ने कहा, नहीं प्लीज वी आर नॉट स्कूल गोइंड किड्स। यानी हम स्कूल जाते बच्चे नहीं हैं। जावेद ने कहा— 'ठीक है मैं गर्ल्स की टीम में हो जाता हूँ।' खेर ने कहा, 'हाँ आप उसी साइड के हैं।' सब हँसने लगते हैं। और खेल शुरू हो गया और साथ में शोर भी। जैसे स्कूली बच्चे खेल रहे हों। हँसी-मजाक, किस्से-कहानियाँ सब साथ-साथ चल रहे थे। खेर किसी के बारे में बता रहे थे। 'ओके विक्की डोनर' हो गया अब वार्सिलोना। उसने कहा क्या बाहर से लो ना। मैंने कहा—'नहीं वार्सिलोना।' सब हँसने लगे।

खेर और सिद्धार्थ आयुष्मान खुराना को लेकर डेक के कोने में चले जाते हैं। वहाँ एक फिल्म का नाम तय होता है। फिल्म का नाम 'बन्दिनी' है। खुराना डिब्बा बन्द करने का इशारा करते हैं। लड़कियाँ बन्द तक पहुँच जाती हैं। खुराना कहते हैं, 'इसके आगे छोटा सा वर्ड है।' दीया कहती हैं 'बन्दना'। पर ये कोई फिल्म नहीं। लेकिन बन्द से 'बन्दिनी' समझाना उन्हें मुश्किल पड़ता है। अन्त में झल्लाकर उनके मुँह से 'बन्दिनी' निकल जाता हैं। लड़कियाँ चिल्लाती हैं, 'बन्दिनी बन्दिनी।' खेर कहते हैं, 'चिटिंग चिटिंग'। इसने बता दिया था। परिणीति

कहती हैं 'नहीं बताया था।' लड़कियाँ कहती हैं, 'हे हे हे हम जीत गए।' खेर कहते हैं 'मैंने पहली बार किसी हारी हुई टीम को इतना ख़ुश देखा है।' सब हँसने लगते हैं। शाहिद कहते हैं, 'अब मैं जा रहा हूँ।' और वहाँ दूसरी ओर खड़े हो जाते हैं। अब जावेद साहब 'पार' फिल्म को समझाने की कोशिश करते हैं। लड़कियाँ नहीं समझा पा रहीं। काफी देर हो गई खेर कहते हैं, 'भई मैं तो अब सोने जा रहा हूँ।'

खेल काफी देर तक चलता रहा। बीच-बीच में राजनीति भी चल रही है। चीन में 'बर्फी' को आईफा के चौदह अवॉर्ड लड्डू मिले। शुगर ज़्यादा हो गई। जावेद मेरे बगल में खड़े अनुपम खेर के कान में कुछ फुसफुसाते हैं—'डोंट टेल मी यार कि अनुराग बसु को अंग्रेज़ी नहीं आती। अगर नहीं आती तो वह हॉलीवुड की फिल्में कैसे देखता।' फिर दोनों जोर से हँसने लगते हैं। बताते चलें कि बॉलीवुड में चर्चा हैं कि अनुराग की फिल्म 'बर्फी' के कुछ सीन हॉलीवुड की फिल्म 'द नोटबुक' से उड़ाए गए हैं। बहरहाल जो भी, इतना तो समझ में आ गया कि आईपीएल के मैचों की तरह फिल्मों के सारे अवॉर्ड फिक्स होते हैं। 'बर्फी' में शानदार अदाकारी के बावजूद प्रियंका चोपड़ा को 'बेस्ट हीरोइन' का अवॉर्ड नहीं मिलना था, सो वह नहीं आईं। उनकी बहन परिणीति चोपड़ा आईं उन्हें परफॉर्म करना था। विद्या बालन आईं क्योंकि उन्हें 'बेस्ट एक्ट्रेस' का अवॉर्ड लेना था। जिन्हें पता था कि उन्हें अवॉर्ड मिलना है, वो आते हैं। या फिर वे आते हैं जिन्हें अवॉर्ड फंक्शन में पैसे लेकर नाचना-गाना है।

किनारा आ गया और सफ़र ख़त्म हुआ। अब हम सबको अपने-अपने जहाज़ पकड़ने हैं। फिल्म वालों को पहली बार इतने करीब से देखा है। मुझे न जाने क्यों लगा ये बेचारे दोहरा जीवन जीने के लिए अभिशप्त हैं। सार्वजनिक जीवन में ये चमकते सितारे हैं। पर इनकी प्राइवेट लाइफ हमारी-आप की तरह है। कभी ख़ुशी, कभी गम, कभी हँसी-मजाक तो कभी जलन और ईर्ष्या। उस दिन ग्रीन कारपेट पर चलते वक़्त अनुपम खेर को देखकर भीड़ ख़ुशी के मारे चीखी थी। खेर ने अपने सभी फैन्स से हाथ ज़रूर मिलाया लेकिन उनका चेहरा भाव शून्य था। वह थोड़ा आगे बढ़े तो मैंने उनसे अकेले में पूछा था—"उनसे हाथ मिलाते वक़्त कम-से-कम एक मुस्कुराहट तो अपने चेहरे पर ला सकते थे।' मेरे सवाल पर खेर नाराज़ हो गए थे शायद। कहने लगे—'ख़ुशी अन्दर होती है, ज़रूरी नहीं कि वह दिखाई जाए।" मैंने कहा—"रहने दीजिए, ये

कहने की बातें हैं।" खेर ने चिढ़कर कहा—"आप कुछ भी सोचिए।" और वह आगे बढ़ गए।

सच पूछिए तो तब मुझे बुरा नहीं लगा था। खेर के अभिनय का मैं कायल हूँ। खेर ही नहीं, हर सफल कलाकार के अन्दर कुछ ऐसा होता है जो उसे असाधारण बनाता है। और एक पूरी टीम होती है जो सुपर मैन या सुपर वुमन बना देती है। वर्ना बिना मेकअप के रूप रंग से ये सारे कलाकार उतने ही साधारण हैं जितने कि हम और आप। यह रहस्य न खुल जाए इसलिए वे हमसे दूरी बनाकर रहते हैं। खैर शाम ढल गई है। परिन्दे घर लौट रहे हैं। मेरा भी मन भर गया। अब घर लौटने का वक़्त आ गया है। अलविदा मकाऊ।

ऑस्ट्रेलिया

सिडनी

कंगारुओं के देश में

समन्दर अगर आपके शहर के अन्दर तक चला आए तो आप क्या करेंगे? बेशक गहरे नीले और नमकीन समुद्री पानी को आप अपने शहर में कैद कर लेंगे। पर सिडनी ने यह नहीं किया। दुनिया के इस ख़ूबसूरत शहर ने समन्दर के पानी के इर्द-गिर्द चट्टानों पर अपना घर बसा लिया। समुद्र अगर शहर में आ जाए तो सारी दुनिया उसे हार्बर कहती है। सिडनी वालों ने इसका नाम 'डार्लिंग हार्बर' दिया।

दिल्ली से सिडनी पहुँचाने में पूरे 15 घंटे लग गए। सिडनी ऑस्ट्रेलिया की राजधानी नहीं है लेकिन यह इस देश का सबसे चर्चित शहर है। दुनिया भर के सारे खेल यहाँ खेले जाते हैं। यही वजह है डार्लिंग हार्बर, दुनिया भर के पर्यटकों को यहाँ किसी न किसी बहाने खींच लाता है। सिगरेट और तम्बाकू के खिलाफ एक और जंग शुरू करने के लिए एपेक्ट-10 ने इस साल यह शहर चुना। भव्य सिडनी कन्वेशन सेंटर का दरवाज़ा डार्लिंग हार्बर की तरफ खुलता है। स्वचालित सीढ़ियों से नीचे उतरकर हार्बर के किनारे एक बेंच पर अपना लैपटॉप खोल लेता हूँ। शाम के सात बजे हैं आसमान पर सिर्फ बादल हैं, सितारा एक भी नहीं। शायद सारे सितारे डार्लिंग हार्बर के चारों तरफ बत्तियों में तब्दील हो गए हैं।

हार्बर के चारों तरफ बेशुमार होटल हैं और अनगिनत फूड कोर्ट और बार। ठंडी हवा और उसमें चारों तरफ के रेस्त्राँ की तरह से आती लज़ीज़ खाने की ख़ुशबू। अभी कुछ देर पहले डार्लिंग हार्बर म्यूजियम में यहाँ की 1820 की एक पुरानी तस्वीर देखी थी। मेजर जेम्स टेलर की यह एक ऑयल पेंटिंग है जिसमें

डार्लिंग हार्बर के चारों तरफ केवल आदिवासी और उनके घर दिखाए गए हैं। विक्टोरिया युग से बहुत पहले ब्रिटिश जेलों में कैदियों की तादात बहुत बढ़ गई थी। कहते हैं, ब्रिटिश कैदियों ने इस देश को बसाया। शायद इसीलिए ये स्वभाव से इतने हिंसक और उजड्ड हैं। खेल का मैदान हो या आप्रवासियों को लेकर प्रतिहिंसा। ये हर खेल में बेईमान हैं।

आज अगर वे आदिवासी यहाँ आएँ तो शायद चारों तरफ बसी ये नई रंगीन दुनिया देखकर गश खाकर गिर जाएँ। आसमान को छूते भव्य होटलों के कमरों की हर लाइट सितारे में तब्दील हो गई है। यह सारे सितारे समुन्दर के गहरे पानी को झिलमिल कर रहे हैं। हार्बर के इसी पानी में कुछ पुराने जहाज़ खड़े हैं। ये जहाज़ अब फूड कोर्ट में तब्दील हो गए हैं। चारों तरफ रंगीन रोशनी और मस्ती में डूबे लोग।

हार्बर के किनारे एक गोल सीढ़ीदार कुंड में छोटे बच्चों की मस्ती का भी पूरा इन्तजाम है। इन सीढ़ियों पर रोशनी और झरने की तरह बहता पानी है। बहुत छोटे बच्चे पानी में खेल रहे हैं। पानी केवल इन असावधान बच्चों के पाँव को गीला करता है। पत्थर की इन सीढ़ियों पर फिसलन बिल्कुल नहीं। हाथों में बीयर का मग लिये माँ-बाप अपने बच्चों की मस्ती का मजा ले रहे हैं।

हार्बर के किनारे ब्राजील से आई टीम अपना शो दिखा रही है। नाच-गाने का शो। बाकी सब इसका आनन्द ले रहे हैं। सामने पुल से मेट्रो ट्रेन गुजर रही है। इस पर दिल्ली में चल रहे कॉमनवेल्थ गेम्स का प्रचार है। भारतीय होने के कारण अब तक तीन ऑस्ट्रेलियन पूछ चुके हैं—आपके यहाँ कॉमनवेल्थ ठीक से शुरू हो गया? वे अन्त समय तक इसे लेकर आशंकित थे। हवा में ठंड बढ़ गई है। रेस्त्राँ की ओर से आती ख़ुशबू ने भूख भी बढ़ा दी है। डार्लिंग हार्बर बुला रहा है। शुभ रात्रि।

अरे, ये मूर्तियाँ तो पोशाक पहनती हैं

सिडनी शहर घूमने का प्रोग्राम बस यूँ ही बन गया। ओपन टूरिस्ट बस किसी भी शहर की धड़कन को महसूस करने का सबसे बेहतरीन तरीका है। सिडनी में 35 ऑस्ट्रेलियन डॉलर का टिकट खरीदकर आप चौबीस घंटे तक किसी भी ओपन बस से शहर घूम सकते हैं। अगर कोई ख़ूबसूरत इमारत आपको थोड़ी

देर रोक लेती है तो कोई फ़िक्र नहीं, पीछे आ रही दूसरी बस आपको अगले पर्यटन स्थल तक निश्चित छोड़ देगी।

यूरोप, अमेरिका और ऑस्ट्रेलिया के तकरीबन हर शहर ख़ूबसूरत हैं लेकिन सिडनी को इस साल दुनिया के दस बेहतरीन शहरों में शुमार किया गया है। 18वीं व 19वीं सदी की बनी भव्य और चमकदार पत्थर की इमारतें पश्चिमी देशों के करीब-करीब हर शहर की विशिष्ठता है। सिडनी में ऐसी इमारतें बहुतायत हैं।

बस की छत की तरफ जाने वाली सीढ़ियों पर चढ़ते वक़्त आपको अपने सिर का ख़याल करना होगा। 'माइंड योर हेड' की तख्ती नहीं पढ़ी तो आपका सिर छत से टकरा सकता है। छत पर बनी सीटों पर बैठकर आप किसी शहंशाह की तरह महसूस कर सकते हैं। आसमान में गुनगुनी धूप की गर्मी और बर्फीली ठंडी हवा। दोनों का मेल इस ओपन बस के सफ़र के आनन्द को कई गुना बढ़ा देती है।

सिडनी में आप शहर को नहीं देखते, ये शहर आपको देखता है। आपके आनन्द से आनन्दित होता है। जगह-जगह चौराहों पर आपको लखनऊ-दिल्ली की तरह ऐतिहासिक किरदारों की भव्य मूर्तियाँ मिल जाएँगी। लेकिन ये मूर्तियाँ निर्वस्त्र नहीं हैं। हर मूर्ति के पास अपनी पोशाक है। साथ चल रही मैरी बताती हैं कि ऑस्ट्रेलियन मूर्तियों में जीवन खोजते हैं। रानी एलिजाबेथ द्वितीय की मूर्ति ने भी राजसी पोशाक पहन रखी है। इन पोशाकों को सिलने के लिए सिडनी में अलग टेलर हैं। सोचता हूँ ये पोशाकें ज़रूर ड्राइक्लीन होने भी जाती होंगी।

बस अपने सफ़र पर है। सीट के नीचे लगे स्पीकर बताते हैं कि ये विक्टोरिया स्ट्रीट है। सड़क के दोनों तरफ विक्टोरिया कालीन इमरातें और उनके सामने हरे पेड़। जिनकी टहनियाँ बस की छत पर बैठने वाले सैलानियों को चोटिल कर सकती हैं। सब सतर्क हैं। जैसे सामने पेड़ की टहनी दिखती है सब सिर झुका लेते हैं।

मैरी कैथेड्रल चर्च की शानदार इमारत के सामने हम बस छोड़ देते हैं। आमतौर पर यूरोपियन गिरजे उदास और वीरान हो चुके हैं। ये गिरजे मृत आत्माओं के प्रायश्चित का अन्तिम शरणस्थल दिखते हैं। इटली में मिलान का गोथिक चर्च वास्तुकला की नायाब कृति होने के बावजूद मुझे डरावना लगा था। लेकिन पत्थर के बने 150 साल पुराने सेंट मैरी कैथेड्रल चर्च में एक अद्‌भुत जीवन्तता है। सामने ईसा मसीह के जीवन से जुड़ी घटनाओं को रंगीन पच्चीकारी में चित्रित किया गया है। आगे से पीछे तक बेंचों की कतार। हर बेंच के आगे

चीड़ की लकड़ी के पटरे हैं जिन पर फोम चढ़ा है। यानी आप जब चाहें इन पटरों पर घुटने टेक कर प्रार्थना कर सकते हैं। चर्च में तस्वीर खींचना मना है। लेकिन आप मदर मैरी की प्रतिमा के आगे मोमबत्तियों के दीये जला सकते हैं। चर्च में सबसे दिलचस्प कन्फेशन चैम्बर हैं जहाँ कोई भी आकर अपने गुनाह कुबूल कर सकता है। चर्च के पादरी बताते हैं कि गुड फ्राइडे और क्रिसमस के दिनों में ये चैम्बर भरे रहते हैं। इन कन्फेशन चैम्बरों में अजीब-सी शान्ति है। मैं चैम्बर में घुसकर बाहर निकल आता हूँ। सोचता हूँ गुनाहों को कुबूल करने का वक़्त शायद अभी नहीं आया है।

✪✪✪